Créez la vie de vos rêves

ANTHONY BLÉGENT
ANTHONY FAURE

Créez la vie de vos rêves

L'ART D'UTILISER « LA MANNE CÉLESTE »

OCTAVE
ÉDITIONS

Catalogage avant publication de Bibliothèque et Archives nationales du Québec et Bibliothèque et Archives Canada

Blégent, Anthony

Créez la vie de vos rêves : l'art d'utiliser "La manne céleste"

ISBN 978-2-923717-82-1

1. Succès - Aspect psychologique. 2. Réalisation de soi. 3.Psychologie énergétique. I. Faure, Anthony. II. Titre.

BF637.S8B53 2013 158.1 C2013-940702-2

Conception graphique et mise en page : Michel Laverdière

Photo de la couverture : arquiplay / iStockphoto.com

ISBN : 978-2-923717-82-1

Dépôt légal : Bibliothèque et Archives nationales du Québec, 2013
Bibliothèque et Archives Canada, 2013

Site Internet : www.editionsoctave.com

Imprimé au Canada

Nous dédions ce livre à l'Univers, à nos anges,
à nos guides et à nos proches.

Nous vous le dédions également à vous,
lecteurs, car c'est grâce à chacun d'entre vous
que la vie sur cette planète pourra devenir
un très beau rêve…

Un immense merci à l'Univers.

Nous vous conseillons de lire ce livre en prenant le temps de bien vous imprégner de chaque chapitre. Il a été conçu pour vous permettre d'apprendre pas à pas et de laisser à votre esprit l'occasion d'appréhender chaque nouvelle information, de l'analyser et ensuite de l'intégrer à votre vie avec facilité.

Vous découvrirez également, en introduction de chaque thème, des citations qui ont pour but de vous permettre de méditer sur chacun d'eux et de préparer ainsi votre esprit à recevoir de nouveaux enseignements simples et efficaces.

Vous pourrez ensuite revenir sur les chapitres qui vous intéressent. Comme pour *La Manne Céleste – Votre destin vous appartient*, gardez ce livre près de vous et « interrogez-le » au besoin, en pensant à un problème et en ouvrant une page au hasard. Cette utilisation est très utile et peut vous apporter les réponses à vos questions ou à vos doutes.

L'Univers et ses lois

Nous vivons dans un monde matériel de nature physique et celui-ci est régi par des lois.

Les lois des hommes peuvent changer au gré de leurs envies, à chaque changement de nature politique, à chaque décision prise suite à un soulèvement populaire… Ces lois sont temporaires et changeantes.

Les Lois universelles de la physique, quant à elles, sont inaliénables et intemporelles. Personne ne peut décider de les rendre caduques. Elles ont précédé l'existence des hommes et nous survivrons sans jamais changer ou disparaître.

Ce que nous oublions parfois, c'est que notre monde n'est pas que de nature physique et qu'il est également composé d'énergies immatérielles. Ce monde est celui de la spiritualité (entendez le monde de l'esprit). Il est également régi par des Lois universelles qui sont celles de la Métaphysique. Ce sont les pendants exacts des Lois physiques, mais appliquées cette fois aux énergies immatérielles, donc à l'esprit.

L'Univers est la source de l'énergie infinie qui a donné naissance, dans un premier temps, aux énergies immatérielles puis, dans un second temps, aux énergies matérielles.

Le Monde métaphysique a ainsi permis au Monde physique d'exister et tous deux sont naturellement les fruits de l'Univers.

L'Univers est la source primordiale de création de chaque chose et l'on peut ainsi dire qu'une partie de lui existe en chacun de nous et en tout ce qui est autour de nous. Cette partie est l'énergie pure.

Sans l'Univers, rien ne peut exister car il est l'étincelle de vie qui a donné lieu à l'éclosion du Monde (métaphysique et physique). C'est lui que l'on peut nommer le « Grand-Tout », Dieu, l'Énergie première, la Source… Quel que soit le nom que vous lui attribuez, il correspond à tout cela.

Pour être en parfait accord avec l'Univers et mener ainsi la vie de vos rêves, il faut intégrer ses lois, les respecter, les comprendre et les utiliser correctement.

Voici les principales Lois de l'Univers.

La Loi de l'Évolution

Celui qui ne progresse pas chaque jour,
recule chaque jour.

CONFUCIUS

Sur un plan physique, la Loi de l'Évolution veut que chaque chose progresse. C'est ainsi que chaque espèce évolue et que nos conditions de vie peuvent changer à chaque décennie, etc. C'est aussi la Loi qui régit la célèbre affirmation de Lavoisier : « Rien ne se perd, rien ne se crée ; tout se transforme. »

De la même manière, cette loi s'applique au Monde métaphysique. En effet, les énergies immatérielles (celles de l'esprit) ne disparaissent pas, elles évoluent.

Elles peuvent, au contact d'autres énergies semblables, se renforcer ou, au contraire, se transformer si elles sont entourées uniquement d'énergies différentes.

Conseil pour utiliser correctement cette loi :

Il convient de savoir se détacher de tout ce qui devient obsolète afin de ne pas s'encombrer de choses inutiles.

Cela peut se faire en commençant par les objets que vous possédez et qui ne vous sont plus d'aucune utilité. Ils prennent de la place dans votre maison (et dans votre vie) et vous empêchent d'y faire entrer la nouveauté. En agissant ainsi, vous envoyez le message à l'Univers que vous êtes prêt à recevoir de nouvelles choses, plus belles et plus en rapport avec vos besoins du moment.

De la même manière, si vous voulez faire une nouvelle rencontre, il ne faudra pas conserver sur les murs de votre maison les photos de votre précédent mariage. Symboliquement, cela signifie que vous n'avez pas tourné la page et personne d'autre ne pourra entrer dans votre vie.

Comme vous le comprenez maintenant, si quelque chose de votre passé ne vous convient plus, vous devez absolument faire le bilan de ce qui vous y relie encore afin de procéder à un « ménage » salutaire dans votre vie présente.

Le fait d'observer ce que nous avons vécu avec nostalgie, tristesse ou regret, crée en nous un sentiment négatif qui nous empêche d'évoluer. Il n'en tient qu'à nous de ne pas rester dans cette situation et il suffit parfois d'un petit geste, d'une petite décision, pour que tout se « débloque » comme par enchantement.

Utiliser positivement la Loi de l'évolution signifie « envisager que les choses ne peuvent que s'améliorer et que l'avenir sera serein et rempli de joie. » Ainsi, votre pensée positive se manifestera concrètement.

La Loi de l'Unicité

Savoir écouter, c'est posséder, outre le sien,
le cerveau des autres.

LÉONARD DE VINCI

Dans le domaine physique, la Loi de l'Unicité veut que chaque être soit unique et indépendant. Dans un même temps, il fait partie d'un tout qu'on appelle l'humanité (la vie). Chaque action accomplie par une personne aura des conséquences sur l'ensemble de ses congénères. Dans le domaine métaphysique, chaque énergie est également indépendante mais, une fois associée à d'autres, elle se renforce et peut même permettre la création de quelque chose de matériel. Chaque énergie exerce donc une influence sur les autres. L'ensemble de toutes les énergies immatérielles forme un tout qui constitue le monde métaphysique.

Conseil pour utiliser correctement cette loi :

Votre attitude, vos émotions et vos actions ont un impact sur les autres et vous devez toujours faire en sorte d'être respectueux de la personnalité de tous et chacun.

Nous faisons tous partie d'un grand tout, l'Univers, et nous sommes reliés à lui par un lien énergétique très puissant. Ainsi, faire du mal à autrui, c'est avant tout se faire du mal à soi-même par la force des choses. De même, si vous vous permettez un comportement ou une réflexion envers une personne, vous autorisez moralement et énergétiquement celle-ci à faire de même avec vous.

Ainsi, ne soyez pas dans l'agressivité, dans la colère, dans la jalousie ou dans la rancœur envers les autres car cela leur laisserait la possibilité de réagir de la même manière contre vous. Pensez que, si vous exprimez une méchante critique envers quelqu'un, vous envoyez inconsciemment à l'Univers votre acceptation de recevoir, à votre tour, une même parole.

Réfléchissez toujours à vos faits et gestes car ceux-ci entraîneront immanquablement un résultat. Si vous conservez toujours une attitude respectueuse, cela vous sera rendu. Bien entendu, vous pourrez parfois vous retrouver dans des situations injustes, mais si vous réagissez de façon responsable et positive, vous sortirez alors gagnant de cette mise à l'épreuve et l'Univers vous enverra les récompenses appropriées.

La Loi de la Dualité

Tu ne peux jamais connaître quelque chose
sans connaître son contraire.

PROVERBE

La Loi de la Dualité implique que pour chaque chose existe un contraire. L'existence même de cette Dualité indique qu'entre ces deux oppositions existe un grand nombre de stades intermédiaires. Une action peut par exemple évoluer d'une certaine façon ou d'une manière qui lui est totalement opposée, mais peut également connaître de simples variations comprises entre ces deux extrêmes. Cela signifie qu'à toute énergie négative s'oppose un double positif.

Conseil pour utiliser correctement cette loi :

En chacun de nous réside cette dualité. Quels que soient notre éducation, notre mode de vie, notre spiritualité, etc., nous sommes tous capables du meilleur comme du pire.

Cela signifie par exemple que nous pouvons tous formuler une mauvaise parole envers une personne et dans un même temps, faire l'éloge des qualités d'une autre. Il peut être parfois difficile pour certaines personnes de faire preuve d'une constante bienveillance envers tout le monde . Alors, si cela vous est difficile, vous pouvez toujours adopter la position du juste milieu qui consiste simplement à rester neutre, à ne pas poser de jugement.

Cette Loi de la Dualité nous indique également que si quelqu'un a fait des erreurs, cela n'implique pas qu'il ne soit capable que de cela. Au contraire, nous devons toujours garder à l'esprit que cette personne est aussi en mesure d'accomplir de belles et grandes choses.

Par exemple, lorsque l'on a obtenu un très mauvais résultat lors d'un concours ou d'un examen, rien ne nous empêche d'obtenir un résultat magnifique une prochaine fois.

Nous avons tous en nous le « gagnant » et le « perdant » et lorsqu'on a laissé le premier prendre la première place, il faut se répéter que le second peut l'emporter si on le souhaite réellement.

Cette Loi nous remet à tous la grande responsabilité de notre vie. Elle ne nous permet pas de nous victimiser inutilement. Au contraire, elle affirme que si nous le voulons, nous pouvons passer d'un résultat quelconque à son exact opposé.

La Loi des Cycles

L'histoire est un perpétuel recommencement.

THUCYCLIDE

La Loi des Cycles implique que chaque chose ou chaque situation suive un cycle. Chacun commence par la création, entre ensuite dans une phase d'évolution pour atteindre l'apogée et connaître enfin une régression pour finir par s'éteindre. La maîtrise de cette loi permet de se renouveler et d'éviter la perte de ce qui a été créé.

Conseil pour utiliser correctement cette loi :

Lorsque vous constatez que quelque chose commence à manquer de dynamisme, il faut immédiatement réagir afin de lui redonner un nouveau souffle. Cependant, si vous êtes dans une situation qui semble toucher à sa fin, gardez à l'esprit que cela vous donne l'occasion de créer de nouvelles opportunités.

Si vous possédez une entreprise créée il y a plusieurs années et que celle-ci commence à connaître un ralentissement de croissance, il est impératif de lui donner une nouvelle impulsion pour que cette structure reprenne de la vigueur. Lorsqu'une société ne génère plus assez de bénéfices ou se retrouve en totale perte de vitesse, il peut parfois être utile de la fermer pour en créer une nouvelle. Il est possible que le produit vendu ne corresponde plus à l'attente des clients (il peut être obsolète) et cette fermeture peut ainsi permettre de trouver et d'offrir des produits plus recherchés.

Dans tous les cas, la Loi des Cycles se vérifie et il faut toujours se renouveler pour que le cycle se prolonge.

La Loi de l'Adaptation

Celui qui veut pénétrer au cœur du problème qui l'occupe doit faire preuve de souplesse, s'adapter, entrer par la petite porte, se laisser façonner par la situation.

SAGESSE YI-KING

La Loi de l'Adaptation fait que, dans la nature, les plantes et les êtres vivants s'adaptent à leurs conditions de vie. Que ce soit le froid, la chaleur, les conditions extrêmes ou autres, les organismes trouvent toujours un moyen de s'adapter pour survivre. Ainsi, on peut trouver de la vie dans des conditions qui semblent improbables. Cette Loi nous indique également qu'il faut adapter notre comportement et nos émotions aux situations que nous vivons.

Conseil pour utiliser correctement cette loi :

Lorsque vous constatez, au cours d'une conversation que votre interlocuteur ne peut se résoudre à vous écouter ou qu'il s'emporte en vous répondant, il ne sert à rien de vous entêter à vouloir le persuader de la justesse de vos paroles.

Il y a parfois des situations qui nous obligent à nous adapter. Cela ne signifie pas que vous soyez contraint de toujours donner raison aux autres, mais il convient de s'adapter, de faire en sorte que votre parole demeure respectueuse et douce pour éviter ainsi que le ton de la conversation ne devienne agressif. Dans le meilleur des cas, votre interlocuteur sera en mesure de rééquilibrer sa façon de parler et d'être plus à l'écoute de ce que vous avez à lui dire.

Il n'est jamais question de persuader l'autre de notre suprématie, bien au contraire, il faut toujours respecter chaque point de vue. Le fait d'adoucir le ton de votre parole ne veut pas dire que vous transformiez votre manière de penser, vous ne faites qu'adapter votre parole à la manière dont la conversation évolue et vous vous assurez ainsi de ne pas subir une animosité que vous ne méritez pas.

S'adapter ne signifie pas céder quant à vos convictions, au contraire, cela vous aide à partager vos idées sans entrer dans la confrontation.

De la même manière, il est important d'adapter notre comportement selon d'autres critères. Par exemple, lorsque vous êtes face à un enfant, votre façon de parler et votre attitude ne seront pas les mêmes que lorsque vous discutez avec un adulte. Vous ne parlez probablement ni de la même manière ni des mêmes sujets avec un ami qu'avec un parent. Vous n'aurez certainement pas les mêmes rapports avec un patron qu'avec votre compagnon ou votre compagne. Ces quelques exemples vous aident à comprendre que la vie de tous les jours vous oblige déjà à vous adapter.

Il vous suffit d'appliquer consciemment ces mêmes principes dans les situations conflictuelles en comprenant que vous ne pourrez pas toujours convaincre tout le monde et c'est sans doute mieux ainsi. Cela implique aussi que les autres ne peuvent pas non plus vous forcer à croire ce qu'ils vous disent.

La Loi du Retour

Sème un acte, tu récolteras une habitude ;
sème une habitude, tu récolteras un caractère ;
sème un caractère, tu récolteras une destinée.

SA SAINTETÉ LE XIVE DALAÏ-LAMA

La loi du Retour signifie que l'on récolte ce que l'on sème. Si nous adoptons un mauvais comportement, nous recevrons en retour des complications, des contacts difficiles, etc. *A contrario*, nous obtiendrons, par une attitude positive, des échanges harmonieux et bénéfiques.

Conseil pour utiliser correctement cette loi :

Le fait de se montrer généreux envers les autres envoie le message à l'Univers que vous êtes également prêt à recevoir ses dons.

La générosité est trop souvent réduite à un cadeau

financier, mais la plus belle des générosités est celle du cœur. Le fait d'être à l'écoute des autres, de leur donner un peu de votre temps et de votre amour, peut être beaucoup plus fort. Bien entendu, si vous avez des moyens qui vous permettent d'offrir un peu d'argent à des associations ou des causes qui vous paraissent justes, c'est une très bonne manière de faire le bien autour de vous. Attention cependant à ne pas vous appauvrir en donnant trop car si l'Univers s'aperçoit que vous n'êtes pas suffisamment généreux envers vous-même, il en déduira que vous n'avez plus besoin de recevoir.

Beaucoup de personnes espèrent que leur situation s'améliorera, mais ne s'estiment pas à leur juste valeur, soit sur le plan professionnel, financier, amoureux ou même de la santé et naturellement, leur situation n'évolue pas favorablement. Il est important de se sentir méritant, de savoir que nous avons le droit et même le devoir d'obtenir le meilleur, et ainsi, l'Univers, par la Loi du Retour, nous comble de ses bienfaits.

Certaines personnes ayant fait de mauvaises actions pensent à tort pouvoir éviter ce retour par divers moyens détournés. Mais que peut la puissance d'un homme face à celle de l'univers tout entier ? Pas grand-chose. Au mieux, pourra-t-il le retarder : ce qui rendra le retour encore plus fort et dévastateur. De plus, l'énergie qu'il aura mise à essayer d'échapper à leurs méfaits lui aura fait perdre bon nombre d'opportunités. L'esprit focalisé sur une seule chose n'aura pu voir le reste.

La Loi de l'Individu

Chacun voit avec ses lunettes.

PROVERBE FRANÇAIS

La loi de l'Individu signifie que chacun voit les choses par rapport à son vécu, son histoire. La vision que l'on peut avoir d'un évènement peut donc être différente selon notre histoire, nos traditions, notre culture, notre généalogie, nos émotions, nos traumatismes. Cela signifie que tout le monde ne vit pas les choses de la même manière, mais que nous réagissons selon ce que nous connaissons ou ce que nous avons appris.

Conseil pour utiliser correctement cette loi :

Vous pouvez parfois être surpris de constater qu'une personne ne réagit pas de la même manière que vous devant quelque chose que vous ne comprenez pas ou, à l'inverse, qui vous fascine. Cela ne signifie pas que vous ayez tort ou raison, cela prouve simplement que chaque individu appréhende les situations ou les personnes à travers le prisme de ses expériences et de son vécu.

Nous appartenons tous à un groupe, qu'il soit de croyance religieuse, d'un pays, d'une association, d'une ville, d'une famille, etc., et cela peut influencer notre manière de penser et d'envisager les choses. Mais, en même temps, chaque être est unique ; ce qui signifie que même si nous pouvons partager certaines choses avec d'autres personnes, nous pouvons dans un même temps être en désaccord sur d'autres.

Il faut toujours considérer que notre manière d'analyser nous est propre et ne pas prendre à cœur le fait que d'autres personnes puissent être en désaccord avec nous.

Souvent, les disputes entre des personnes interviennent alors que chacun pense avoir raison. En réalité, chacun a raison, mais uniquement par rapport à lui-même et à son vécu personnel.

Pour mieux se faire comprendre, on peut partager notre expérience pour aider les autres à comprendre ce qui fait que notre point de vue est justifié par rapport à ce que nous avons fait, vu et traversé. Ainsi, nous pouvons leur démontrer que nous avons aussi notre propre « individu » et que celui-ci doit être respecté.

La Loi de l'Attraction

Gémir sur un malheur passé, c'est le plus sûr moyen d'en attirer un autre.

William Shakespeare

La Loi de l'Attraction[1] explique sur un plan physique pourquoi deux corps de même nature sont attirés l'un vers l'autre de façon irrémédiable. Prenez l'exemple de quelqu'un qui jette un ballon par la fenêtre. Cet objet est matériel et sera attiré par son semblable. Le ballon sera bien entendu attiré par le sol car la Terre est l'énergie matérielle la plus dense et aucune autre énergie de même nature ne peut rivaliser avec elle.

C'est la raison pour laquelle ce ballon tombera (principe de gravitation).

Suivant la taille, la nature de l'objet et la manière dont on le jette, il ne tombera peut-être pas à la même vitesse, mais nous ne pourrons rien faire pour l'empêcher

---

[1] Cette Loi est expliquée de façon détaillée dans le livre *La Manne Céleste : Votre destin vous appartient* d'Anthony Blégent, Éditions Octave, Montréal, 2012.

d'être attiré par le sol.

La fumée, une énergie matérielle beaucoup moins dense (presque immatérielle), va aussi être attirée par une énergie qui lui ressemble. Celle-ci va tout naturellement se modeler à l'air ambiant.

De la même manière, la Loi de l'Attraction régit la métaphysique. Une énergie immatérielle négative (telle une pensée) va attirer à elle son équivalent alors qu'une énergie de polarité positive attirera son alter ego.

Comme nous l'avons vu au début de ce chapitre, l'énergie immatérielle a donné naissance aux énergies matérielles et de la même manière, une énergie métaphysique va se concrétiser dans le physique. Cela peut prendre du temps ou, au contraire, se réaliser rapidement. Cela dépend de la puissance que l'on aura mise dans cette énergie. Une énergie métaphysique seule ne peut se matérialiser, il lui faut impérativement s'associer à d'autres pour qu'elles puissent, ensemble, prendre une nature physique. Nous avons le pouvoir de modifier sa polarité avant qu'elle ne se matérialise, ce que l'on peut difficilement faire avec l'énergie matérielle.

C'est une chance car cela signifie qu'une énergie négative peut se transformer positivement au contact de bonnes énergies en nombre supérieur. Tout dépendra naturellement de la nature des énergies qu'on lui aura associées pour permettre sa concrétisation physique.

L'Univers, comme un bon père, veut le meilleur pour sa création. Il souhaite donc que nous soyons heureux et veut nous donner les moyens de continuer notre évolution dans le respect des autres.

La Loi de l'Attraction est sans doute la plus importante dans notre vie de tous les jours car elle explique pourquoi nous pouvons vivre des difficultés ou des bonheurs, et comment faire en sorte pour que notre vie soit principalement composée d'évènements heureux. Imaginez qu'il existe quelque part dans l'Univers une énorme corne d'abondance dans laquelle vous pouvez puiser tout ce que vous voulez et tout ce dont vous avez besoin, de façon illimitée.

La différence entre celui qui est dans une situation de manque et celui qui possède tout réside dans le fait que le premier utilise ce pouvoir alors que le second l'ignore.

Chaque situation vécue, bonne ou mauvaise, est également liée au « karma » de chacun. Il faut impérativement comprendre ce principe afin de pouvoir trouver les solutions qui permettront de surmonter toutes les difficultés.

Nous avons écrit ce livre dans le but de vous donner les outils qui vous permettront de comprendre que vous aussi avez le droit ainsi que la faculté de puiser dans cette merveilleuse corne d'abondance. Elle contient de la joie, de l'argent, de l'amour, du bien-être, etc., en quantité illimitée.

Le véhicule qui vous permet de voyager dans l'Univers pour trouver et atteindre cette corne d'abondance est la pensée : cette énergie extraordinaire, plus proche de l'énergie primordiale, celle par laquelle l'Univers a donné naissance aux Mondes métaphysique et physique.

Cette pensée est investie d'une force incroyable et connaît parfaitement le chemin qui mène aux différentes sources de bien-être que contient l'Univers, en particulier la fameuse corne d'abondance qui se trouve à votre disposition.

En l'utilisant correctement, vous aurez un accès direct à celle-ci et pourrez améliorer votre vie sur le plan physique.

Ainsi, de façon consciente, vous créerez la vie de vos rêves.

Conseil pour utiliser correctement cette loi :

En tout temps, il est important de concentrer notre énergie et nos pensées sur ce qui nous tient à cœur et cesser de focaliser sur nos craintes.

Les conducteurs le savent bien. Si, au volant de sa voiture, une personne observe un arbre et se concentre sur celui-ci, immanquablement, son véhicule se dirigera vers cet arbre. Bien entendu, ce conducteur n'a pas envie d'abimer sa voiture en roulant délibérément vers l'arbre, mais sa crainte de l'accident le pousse à contempler le sujet de sa peur.

La loi de l'Attraction se contente de créer la situation à laquelle nous pensons sans analyser si celle-ci est un désir ou une crainte. L'Univers comprend simplement que la pensée du conducteur est dominée par la vision de l'arbre qui se rapproche.

Prenez toujours l'habitude d'étudier vos pensées afin de savoir si elles sont dominées par des buts ou, au contraire, par des craintes.

Trop souvent, certaines personnes ont l'impression de diriger leurs pensées dans l'intention d'une réussite alors qu'en réalité, elles se concentrent davantage sur leur angoisse de ne pas atteindre leurs objectifs.

Dans ce livre, vous découvrirez la puissance de la pensée positive et surtout des « 22 pouvoirs alliés » qui vous permettront de chasser vos peurs et donneront ainsi la chance à vos souhaits de se réaliser.

Le développement personnel

Le développement personnel peut être considéré comme la recherche des solutions qui permettent à l'être humain d'acquérir le bien-être. Pour se faire, il est primordial de connaître les Lois de l'Univers et de savoir les utiliser de façon positive.

Le développement personnel est la capacité de chaque individu à faire progresser sa spiritualité et sans cesse améliorer son état d'esprit. Pour cela, il existe des techniques qui aident les personnes à redevenir maître de leur vie.

D'aucuns peuvent préférer les trouver seul avec le risque que cela prenne plus de temps, mais si on le souhaite, on peut faire également appel à une personne qualifiée pour nous y aider. C'est le travail du *coach* en développement personnel. Il est là pour vous donner la possibilité d'orienter positivement votre vie, de vous permettre de vous débarrasser de vos blocages, de vos peurs, de vos traumatismes. Cependant, il ne faut jamais perdre de vue que c'est vous qui devez en tout temps rester maître. Vous ne devez en aucun cas compter sur le *coach* pour vivre votre vie ou prendre des décisions à votre place. Si tel est le cas, ne perdez pas de temps avec ce coach. Il ne doit être qu'un accompagnateur qui vous guide et vous permet de trouver les solutions par vous-même. Il vous donne les outils qui vous aideront à acquérir une indépendance totale.

Parfois, ce *coach* n'a pas de titre professionnel et se trouve être simplement un ami, un membre de votre famille ou un voisin avec qui vous parlez et qui a une expérience à vous faire partager.

Le fait d'aller voir un coach en développement personnel compétent et sérieux peut cependant avoir l'avantage de vous placer face à quelqu'un qui aura appris des techniques efficaces et éprouvées sur le sujet et pourra vous les apprendre. De plus, il ne vous connaît pas intimement et ne vous jugera pas.

Nous avons écrit ce livre en espérant qu'il devienne pour vous un coach de développement personnel, qu'il vous aide à faire de bons choix pour améliorer votre vie selon vos désirs et qu'il vous fasse prendre conscience de l'existence des Lois de l'Univers et de votre capacité à les utiliser à bon escient. Plus simplement, puisse ce livre vous permettre de créer la vie de vos rêves, celle que tous et chacun méritent de vivre.

Dans les chapitres suivants, vous découvrirez l'existence du pouvoir de la pensée, le pouvoir primordial, ainsi que de 22 pouvoirs alliés qui ont la capacité de l'aider et d'amplifier son énergie. Plus vous utiliserez de pouvoirs alliés, plus vous atteindrez facilement vos objectifs.

L'Ère du Verseau

Vous trouverez peut être étrange que l'on aborde l'Ère du Verseau dans ce livre, mais en voici les raisons.

Depuis la fin des années 1990, nous avons commencé à entrer dans l'Ère du Verseau. Chaque ère dure entre 2000 et 2500 ans (certains diront plus précisément 2160 années) et imprègne son époque d'une énergie philosophique ou une forme de spiritualité qui lui est associée.

Le fait de pouvoir dater précisément ce « passage » n'est d'ailleurs pas très important puisque, sur une échelle de plus de 20 siècles, il est évident que les changements interviennent par étapes et que chaque nouvelle ère s'installe en prenant son temps. Le début d'une ère peut donc s'étendre sur quelques dizaines d'années durant lesquelles les influences de l'ère précédente laissent progressivement place à celles de la nouvelle.

Sans entrer dans le débat des chiffres, nous savons qu'avant cette nouvelle ère nous étions dans celle des Poissons qui symbolise la force, le pouvoir et la possession dont résultent la soumission ou la domination ainsi que la crainte. De fait, l'homme pensait qu'il ne pouvait réaliser quelque chose que de façon collective ou il attendait qu'un autre le fasse à sa place. Il mettait tous ses espoirs et sa confiance dans la société au sens large du terme. Chacun oubliait sa propre capacité à faire changer les choses et s'en remettait au collectif, voire à l'homme providentiel qui accepterait de porter ce poids sur ses épaules.

Cette nouvelle Ère du Verseau promet une énergie basée sur le principe d'un plus grand sens de notre responsabilité individuelle et de la compréhension de l'Univers, de ses Lois, et de la spiritualité. Cette nouvelle ère doit nous permettre de comprendre que chacun d'entre nous possède le pouvoir de changer sa vie et ainsi de transformer le Monde.

Ce changement d'ère affecte les énergies qui nous entourent et, par répercussion, notre planète ainsi que chaque être vivant.

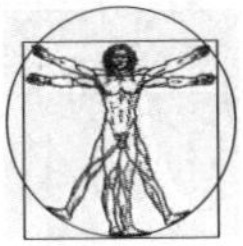

Les changements

I- Le taux vibratoire

Chaque couleur, chaque son et chaque forme correspondent à une ou plusieurs vibrations particulières. Si on désire changer la couleur d'un objet, on lui ajoutera des vibrations supplémentaires et celle-ci se modifiera. L'énergie est à l'origine de toute création physique, quelle soit vivante ou d'apparence inerte.

Le taux vibratoire correspond à la vitesse à laquelle l'énergie circule. Plus le taux est élevé, plus les énergies se rapprochent de la rapidité à laquelle vibrent celles de l'Univers spirituel.

Pour connaître la qualité énergétique d'un objet ou l'état de santé d'une personne, on calcule donc son taux vibratoire.

Si quelqu'un a un taux vibratoire bas, cela signifie que ses énergies ne vibrent pas suffisamment et cela crée une inertie. À l'inverse, un taux vibratoire trop élevé signifie que la personne se détache des énergies matérielles (cela a donc des conséquences dans sa vie).

La méditation permet d'augmenter notre taux vibratoire et apporte des effets bénéfiques quant à notre santé psychique et physique. Mais il n'est pas possible de conserver cet état en permanence au risque de demeurer continuellement dans une vie immatériell, de ne plus gagner d'argent, de ne plus avoir de vie affective ou de travail, de ne plus prendre plaisir à manger...

Un état méditatif laisse notre esprit songeur et nous rend inattentif. Ainsi, lorsque l'on est rêveur on peut facilement se cogner, avoir un accident (par exemple : en ne voyant pas la voiture qui arrive face à nous).

Il convient donc de veiller à conserver un taux vibratoire correct selon l'activité ou la situation dans laquelle on se trouve.

Une personne en bonne santé, avec un bon état d'esprit, aura naturellement un taux vibratoire normal qui s'adaptera à chaque situation. Inversement, une personne en mauvaise santé ou émotionnellement perturbée sera ralentie dans ses énergies et son taux vibratoire sera toujours plus bas.

Lorsque M. Alfred Bovis a inventé l'échelle qui permet d'évaluer le taux vibratoire « normal » d'une personne, la valeur moyenne qui apparaissait était alors de 6 500 à 7 000 Bovis. À partir de 8 000 Bovis, la personne se situait dans un état d'intense activité spirituelle (donc cérébrale).

Le taux vibratoire normal que nous constatons actuellement est plus souvent situé entre 7 000 et 8 000 Bovis, ce qui signifie que notre esprit est relativement plus actif qu'auparavant, sans pour autant que cela soit conscient.

Cette élévation de notre taux vibratoire est également due à la transformation des énergies naturelles qui nous entourent (aliments, lieux, etc., sans oublier notre chère planète).

Dans les années 1950, le physicien Winfried Otto Schumann découvrit que l'activité électromagnétique de la Terre produisait une résonance dont la fréquence correspond au taux vibratoire de notre planète. Le taux de cette vibration est resté constant à 7,8 hertz durant des milliers d'années.

Cette fréquence a commencé à s'élever aux alentours des années 1980 puis elle s'est encore accélérée vers la fin des années 1990. Aujourd'hui, la Terre vibre à plus de 13 hertz. Cette augmentation a fait passer progressivement notre planète de la 3e dimension vibratoire à la 4e puis, la 5e en un temps très court.

II- Les effets de ces changements

Ces changements ont pour but de nous aider à nous adapter à cette nouvelle ère qui va nous permettre de développer nos sens physiques et spirituels. L'intuition, la télépathie, la précognition, entre autres, sont donc des capacités que nous serons plus facilement capables d'utiliser. De plus en plus de personnes seront donc en mesure de ressentir des choses à l'avance, de faire des rêves prémonitoires, d'immédiatement savoir à qui faire confiance.

Cependant, durant toute la période d'adaptation, cela peut provoquer chez certaines personnes (elles sont nombreuses) des troubles physiques tels des maux de tête, de la fatigue, des bourdonnements d'oreilles, des troubles visuels passagers, des crampes musculaires ou autres et qui n'ont pas d'explications médicales concrètes. Et cela parce que notre taux vibratoire a simplement des difficultés à se mettre en résonance avec les situations que nous vivons.

Le temps accélère et nous donne l'impression que nous n'en n'avons pas assez pour tout faire. Les journées nous semblent trop courtes.

Enfin, cette ère dédiée à la force de l'esprit nous permet de changer plus facilement notre vie en utilisant nos pensées.

Alors n'attendez plus, « créez la vie de vos rêves » !

La PENSÉE
et ses 22 pouvoirs alliés

1. La pensée

Nous sommes ce que nous pensons. Tout ce que
nous sommes provient de nos pensées.
Avec nos pensées, nous créons le monde.
Bouddha Sakyamuni

Pouvoir de la pensée

Ce pouvoir est le plus important car il est la cause de vos soucis comme de vos bonheurs. Il s'agit du pouvoir primordial, celui sans lequel aucun autre n'existe. Associé aux autres pouvoirs décrits dans ce livre, il sera amplifié et il vous permettra de changer votre vie de la façon dont vous le souhaitez.

C'est également l'un de ceux que vous pouvez le plus facilement utiliser car penser vous est naturel. Il est tout aussi aisé de modifier vos pensées.

Ce pouvoir, personne ne peut vous le retirer. Songez que, même dans un pays sous le joug de la dictature et où le tyran peut vous empêcher d'agir, de parler, de faire valoir vos opinions, il ne peut vous empêcher de penser.

La seule chose possible est d'essayer de vous incorporer d'autres pensées afin que vous ne puissiez plus laisser de place aux vôtres (ce que nous verrons plus loin dans le chapitre *Pouvoir de la répétition*).

Certaines personnes se laisseront facilement influencer par ces pensées négatives que l'on essaie de leur faire intégrer au lieu des leurs, mais cela ne sera possible que si ces personnes ne sont pas totalement convaincues que leurs pensées positives sont justes à leurs yeux.

C'est ainsi que, dans des conditions très sévères d'oppression et de répression, une personne peut malgré tout garder la foi en ses propres pensées et convictions. Certains préfèreront les garder secrètes car cela leur permettra de mieux les dissimuler, mais cela ne voudra pas dire pour autant qu'ils ne sont plus en accord avec elles.

Si par exemple, vous vous retrouvez confronté à une personne que vous craignez et surtout dont vous redoutez le jugement, il est possible que pour paraître plus conciliant vous choisissiez délibérément de lui cacher vos pensées. Cela peut être au sujet d'une opinion politique, d'une prise de position sur une situation quelconque, etc. Rien ne vous a obligé à dévoiler vos pensées. Vous avez été libre de ne pas les afficher, mais cela ne vous a pas empêché de les conserver.

Ce pouvoir de la pensée est un outil très personnel que vous êtes libre de partager ou non. Vous pouvez choisir de ne pas les dévoiler pour assurer votre sécurité, pour ne pas blesser ou pour toute autre raison, c'est votre choix. Mais souvenez-vous que vos pensées vous appartiennent, vous avez parfaitement le droit de les faire évoluer et de les changer même radicalement, mais il faut que cela soit votre choix.

Ces pensées font partie de votre liberté, elles sont un bien précieux et un puissant pouvoir qui vous permettent de réaliser vos projets comme cela est expliqué au chapitre *Loi de l'attraction*.

Ainsi, lorsque vous croyez fermement en vos pensées, même si certains essaient de vous décourager ou de vous faire comprendre que vos objectifs sont trop grands, ignorez cette recommandation et continuez à rêver comme vous le souhaitez car, vous le savez, si celles-ci sont justes et honnêtes (ce qui signifie qu'elles ne vont pas à l'encontre du bien-être ou du libre arbitre de quelqu'un d'autre), elles vont alors se matérialiser pour votre plus grand bien.

Vos pensées, qu'elles soient bonnes ou mauvaises, créent votre vie. Ainsi, si vous vivez des difficultés ou des blocages, il est nécessaire de réorienter vos pensées afin de voir se concrétiser de meilleures choses dans votre quotidien.

Nous avons le contrôle de nos pensées à partir du moment où nous avons confiance en elles, mais dans le cas contraire, nous pouvons êtres fortement influencé par ce que nous disent les autres.

Souvenez-vous de cette belle journée qui avait si bien commencé et où, pour une fois, vous étiez investi d'une énergie positive extraodinaire. Cette journée commençait si bien. Vous étiez prêt à accomplir de belles et grandes choses, mais voilà qu'un ami ou un membre de votre famille vient vous parler de ses difficultés ou vous formuler une critique envers vous-même ou tout simplement pour critiquer quelqu'un d'autre, juste pour le plaisir de partager son avis avec vous. Après cette discussion, votre bon moral est retombé et vous n'avez plus envie de rien faire. Si cela vous est arrivé, c'est que vous n'aviez pas suffisamment confiance en vos belles pensées. Peut-être parce que vous n'avez pas l'habitude de penser à de bonnes choses, il est donc normal que vous ayez plus de mal à avoir confiance en elles, donc en leur réalisation.

Il faut comprendre que notre cerveau réserve une certaine place disponible pour nos pensées et nos émotions. Lorsque cette place est occupée par plus de 50 % de pensées négatives, ce sont elles qui domineront notre esprit et qui créeront des effets négatifs dans notre vie. À l'inverse, si nos pensées et émotions positives occupent plus de 50 % de notre esprit, ce sont elles qui gèreront notre vie en priorité. C'est la raison pour laquelle vous devez absolument penser et agir de façon positive chaque jour. De cette manière, il n'y aura plus de place pour les énergies négatives (toute la place sera déjà occupée).

En effet, une personne qui nourrit régulièrement de mauvaises pensées (peur de manquer d'amour, d'argent, de santé, etc.) voit que tout cela se concrétise dans sa vie par une situation difficile, alors qu'une personne ayant toujours de bonnes pensées (confiance en l'amour, l'argent, la santé, etc.) attire irrémédiablement dans son quotidien de nombreux moments heureux (certains diront que c'est de la chance). Cette chance n'est en réalité jamais due au hasard. Il faut d'ores et déjà comprendre que la chance est la manifestation de pensées positives. Plus vous en avez, plus vous aurez de chance. C'est par nous-même que nous créons cette bonne fortune et elle n'est jamais le fruit du hasard.

Histoire vécue

Je me souviens d'une anecdote qui va illustrer ces dernières lignes. Je n'étais pas encore majeur et je me suis rendu avec mon père dans une boutique de presse qui vendait des billets de loterie à gratter.

Derrière le comptoir, j'ai vu une pancarte sur laquelle il était écrit qu'un prix de 100 000 Francs de l'époque (environ 15 000 €) avait été gagné par un client de cet établissement. Il s'agissait de la plus grosse somme que ce jeu permettait de gagner.

J'ai alors dit au vendeur que je serais le prochain à remporter cette somme. Il m'a sourit, se disant probablement que je rêvais éveillé.

J'y suis retourné une semaine plus tard pour lui redire une nouvelle fois que je gagnerais bientôt cette somme.

Quelques jours plus tard, je dis à mon père que je devais retourner avec lui dans cette boutique pour acheter un billet de loto pour moi. J'ai dit au vendeur que le jour était enfin arrivé. Il m'a souri à nouveau et nous vendit deux exemplaires de billet à gratter (mon père en voulait un pour lui). Le premier jeu lui rapporta 20 francs, ce qui correspondait au double du prix du billet et, en grattant le second, mon père découvrit avec stupéfaction un gain de 100 000 Francs, la somme maximum.

Il est évident que ce gain n'était pas dû au hasard puisque je l'avais souhaité. J'imagine qu'il se vendait chaque jour des centaines d'exemplaires de ce jeu dans cette boutique et, en plusieurs années, il n'y avait eu qu'un seul billet gagnant identique au nôtre.

Il était facile pour moi d'imaginer ce gain. J'étais encore scolarisé, je ne connaissais pas vraiment la valeur de l'argent. À ce moment-là, gagner 10 francs ou gagner 100 000 francs ne me semblait pas vraiment plus difficile.

Je n'ai eu aucune pensée restrictive ou négative à ce sujet, c'est ainsi que cela a pu se concrétiser.

J'avais réussi à rêver de ce gain et à faire en sorte que ce désir devienne réalité.

Si j'ai pu le faire, cela signifie que tous le peuvent.

Ce qui rend plus difficile la réalisation d'un désir positif, se sont les pensées parasites.

Si, à ce moment-là, je m'étais posé la question quant à la valeur de cet argent, sur les raisons qui pourraient m'empêcher de gagner, sur les statistiques des gains ou sur le temps qu'il m'aurait fallu travailler pour gagner la même somme, je doute que le résultat eut été le même.

Mon esprit était vierge de pensées négatives ou restrictives, j'ai donc pu le concrétiser non seulement rapidement, mais également choisir le jour où je souhaitais recevoir cette somme.

Que votre pensée devienne créatrice

Apprenez dès maintenant à utiliser de façon créative et positive ce fabuleux pouvoir qu'est la pensée afin de créer votre vie idéale.

Ne laissez pas votre esprit s'encombrer de pensées négatives ou restrictives.

Si quelqu'un vous parle de choses qui vous semblent

mauvaises et non constructives, faites en sorte de changer le sujet de la discussion afin de parler de choses qui vous semblent plus positives, plus constructives et plus joyeuses.

On a trop souvent l'impression que lorsqu'une personne vient nous raconter ses problèmes, nous pouvons l'aider en l'écoutant se plaindre. En réalité, vous ne faites que noircir vos pensées et, en plus, vous ne l'aidez pas. En réalité, vous ne faites qu'amplifier son mauvais état d'esprit.

Il est toujours préférable d'orienter la conversation vers quelque chose de positif.

Imaginez une voisine qui vient se plaindre à vous des difficultés qu'elle a avec d'autres voisins. Elle vous raconte à quel point ils ont été désagréables avec elle. Peut-être se sont-ils garés sur sa place de stationnement sans lui demander l'autorisation, peut-être ont-ils fait du bruit en pleine nuit et l'ont réveillée ? Dans tous les cas, si elle vous raconte cela, il n'y a aucune chance pour qu'à la fin de la discussion elle se sente heureuse et soulagée.

Par contre, si vous avez écouté attentivement la conversation, il y a de grands risques pour que vous ayez désormais vous-même des griefs contre ces voisins de qui vous ne pensiez aucun mal auparavant. Vous allez donc ruminer ces pensées négatives et vous dire que cette voisine n'a décidément pas de chance. Bref, vos pensées auront été polluées par celles de votre voisine.

Au contraire, il faut orienter la conversation de façon positive et vous verrez rapidement qu'il n'y a que deux résultats possibles dans ce cas et que la bonne nouvelle est que les deux vous sont profitables.

Le premier : votre voisine ne veut malheureusement pas changer de sujet de conversation (cela signifie qu'elle n'est pas prête à changer positivement ses pensées) et préférera chercher une autre oreille que la vôtre afin de pouvoir discuter de ses problèmes.

Le second : votre voisine accepte de changer de sujet de conversation et entend ce que vous avez à lui raconter. Vous pouvez ainsi lui parler d'une bonne nouvelle vous concernant ou au sujet de quelqu'un d'autre, lui parler du beau temps qu'il a fait la veille, peu importe, du moment que vous choisissiez quelque chose de positif, de joyeux ou de drôle, quelque chose qui vous met de bonne humeur. Dans ce cas, vous êtes assuré que vous sortirez de cette conversation le sourire aux lèvres, avec de belles pensées et vous aurez également réussi l'exploit gratifiant d'avoir changé les pensées de votre voisine de façon positive. Vous aurez le sentiment d'avoir fait quelque chose de bien.

Dans les deux cas, vous aurez laissé le choix à votre voisine de changer ou non ses pensées et surtout, vous aurez réussi à ne pas polluer votre esprit avec des pensées futiles et négatives.

Cela peut s'appliquer à toutes les situations. Il vous suffit de vouloir faire naître, développer et conserver des pensées positives qui vous permettront d'atteindre les objectifs que vous souhaitez atteindre.

2. La positivité

Soyez heureux avec ce que vous avez ; réjouissez-vous de la manière dont sont les choses. Quand vous réalisez qu'il ne manque rien, le monde entier vous appartient.

Lao Tseu

Pouvoir de la positivité

La positivité est un état d'esprit que l'on peut avoir naturellement et il est de notre devoir d'entretenir. Si ce n'est pas le cas, nous avons la chance de pouvoir le créer.

Pour certaines personnes, il est très facile de voir la vie de la meilleure façon qui soit. Pour d'autres, cela est beaucoup plus compliqué.

Si vous êtes d'un naturel optimiste, même si vous connaissez parfois des difficultés, elles finissent toujours par s'arranger, voire même devenir profitables.

Dans le cas contraire, rassurez-vous ; de la même manière qu'il est important d'entretenir sa positivité, il vous est également possible de ne plus alimenter votre négativité et ainsi de créer un état d'esprit plus optimiste. Cela peut prendre du temps, mais c'est toujours payant.

En ajoutant la positivité dans vos pensées, c'est comme si vous vous faisiez un très beau cadeau car vous ne tarderez pas à voir votre vie s'améliorer.

Imaginez que la personne qui partage votre vie vous annonce une promotion qui vous obligera à déménager.

Si vous êtes d'un tempérament positif, vous allez accueillir cette nouvelle avec beaucoup de joie et d'entrain, vous imaginant déjà changer de vie et avoir de meilleures rentrées d'argent. Au contraire, si vous avez un esprit plus négatif, vous allez tout de suite imaginer les difficultés que cela va engendrer dans votre vie. Cette bonne nouvelle va devenir une mauvaise nouvelle à vos yeux (voir également chapitre *Pouvoir de la subjectivité*).

Imaginez maintenant votre compagne ou compagnon qui vous annonce son licenciement. Un esprit pessimiste va réagir en se disant que le monde s'écroule et pensera à toutes les difficultés à venir. L'esprit optimiste, quant à lui, va réussir à se convaincre que cela va permettre à votre conjoint de changer de travail, probablement pour quelque chose d'équivalent, voire même meilleur.

Cela vous prouve que le fait d'avoir un esprit optimiste ou pessimiste peut réellement influencer vos pensées, vos émotions et transformer une situation de façon totalement différente.

Dans le cas du licenciement, il est évident que cela peut paraître, dans un premier temps, comme une mauvaise nouvelle, mais le fait de mal prendre la chose vous démoralise et décourage encore plus votre compagne ou compagnon.

Dans cette situation de désespoir, il est même possible de ne plus avoir la motivation de rechercher un nouveau travail alors qu'en prenant la nouvelle de façon plus positive, votre conjoint ou conjointe aura la force de chercher un nouvel emploi sans plus attendre.

Cet exemple doit vous faire comprendre que le fait d'avoir des pensées positives n'est pas qu'une question superficielle qui vous permet de garder le sourire bêtement et en toutes circonstance, mais cela vous montre que l'optimisme permet d'aller de l'avant et de vous battre contre une situation difficile ou injuste.

Aucune énergie négative ne vous aidera à surmonter les obstacles, à construire quelque chose ou à évoluer. Il est évidemment humain d'être parfois déstabilisé ou découragé, mais l'important est de se ressaisir rapidement, de positiver et ainsi trouver les solutions à vos problèmes.

Plus vous restez longtemps dans un état d'esprit pessimiste, plus longues dureront vos difficultés.

Comme les pensées, la positivité et la négativité sont contagieuses et, au contact des autres, vous pouvez également être influencé. C'est la raison pour laquelle je disais au début de ce chapitre que si vous possédez un naturel optimiste, il est impératif de le conserver et de le cultiver. Cela signifie que vous pouvez, comme pour les pensées, choisir de vous entourer de personnes optimistes ou pessimistes.

Vous pouvez également choisir de les influencer positivement à votre tour. Libre à eux de vous écouter ou non, c'est leur choix. Mais si vous n'y parvenez pas, c'est que ces personnes ne sont pas encore prêtes, vous aurez au moins fait ce que vous pouviez. En revanche, si vous y arrivez, vous en retirerez la très grande satisfaction du devoir accompli.

Histoire vécue

Je me souviens d'un jour où l'une de mes clientes est venue me voir pour me parler de la séparation qu'elle venait de vivre. Elle avait besoin d'en parler à quelqu'un. Ses amis l'avaient écoutée mais n'avaient pas été en mesure de la réconforter. Elle avait besoin d'une séance de *coaching* pour y voir un peu plus clair. Elle savait très bien que je ne la laisserais pas longtemps s'apitoyer sur sa rupture et, en venant me voir, elle acceptait de jouer le jeu. Au début de la conversation, elle m'a expliqué sa situation. Je lui ai alors demandé ce que cet homme lui avait apporté. Au départ, elle avait l'impression qu'il était essentiel à sa vie et, qu'en partant, il la laissait seule et désœuvrée.

En discutant, elle s'aperçut qu'en réalité ils n'avaient rien construit ensemble et que sa vie n'avait pas évoluée depuis cette rencontre. De plus en plus, elle, qui au début ne se sentait pas méritante d'avoir cet homme dans sa vie, s'apercevait qu'elle méritait quelqu'un de mieux.

Elle est repartie avec le sourire car elle avait compris qu'elle avait toutes les chances de rencontrer quelqu'un de mieux puisqu'elle le méritait. Je n'avais rien changé à sa situation, je n'ai pas pu faire revenir cet homme dans sa vie et pourtant, elle était à nouveau optimiste. Il m'avait suffit d'orienter son esprit du pessimisme vers l'optimisme.

Que votre positivité devienne créatrice

Faites en sorte de voir les choses de la manière la plus favorable possible. Ne vous laissez pas démoraliser ou décourager par une situation.

Si un obstacle se dresse devant vous, dites-vous que c'est un test à passer et songez qu'une fois que vous l'aurez surmonté, vous obtiendrez de meilleures choses.

Il existe une méthode simple qui est celle des « affirmations » et elle est d'une grande efficacité.

Inscrivez des phases positives que vous pourrez voir régulièrement et qui vous permettront de cultiver votre optimisme. Ainsi, elles vous aideront à créer des évènements chanceux et favorables.

Par exemple, prenez une feuille de papier sur laquelle vous allez écrire que vous êtes rempli d'amour, d'argent, de santé, de chance, etc. En écrivant et, plus tard, en lisant ces affirmations, vous retrouverez le sourire instantanément et cette bonne humeur vous permettra de cultiver vos pensées positives.

De cette manière, votre vie ne peut que s'améliorer rapidement.

3. L'ÉMOTION

N'ayez pas peur.

SA SAINTETÉ JEAN PAUL II

Pouvoir de l'émotion

L'émotion possède une force considérable. Mal utilisée, elle neutralise vos pensées. Bien employée, elle permet de leur donner de la confiance et vous pouvez ainsi les concrétiser plus rapidement et plus facilement.

Dans toutes situations, vous pouvez ressentir une émotion. La plupart du temps, celle-ci n'est pas contrôlée et elle surgit simplement comme une réaction. Avec de l'entraînement, vous pouvez en contrôler parfaitement une grande partie.

C'est ainsi, par exemple, que certaines personnes doivent apprendre à gérer des situations de crises pour ne pas se laisser submerger par leurs émotions.

Vous pouvez faire de même si vous le souhaitez, même si cela peut parfois prendre du temps.

Un film peut créer en vous une certaine émotion, par exemple celle de la peur. La première fois que vous allez le regarder, vous serez tellement submergé par cette vague d'émotions que vous ne parviendrez même plus à regarder les images. Vous aurez peur d'une première image et, ensuite, aurez conditionné votre esprit sur cette émotion sans le savoir. Même des images ordinaires pourront par la suite vous effrayer. C'est ainsi qu'après avoir regardé un tel film, vous pouvez être apeuré par le simple fait que votre téléphone se mette à sonner, que quelqu'un frappe à votre porte de manière inattendue, et ainsi de suite.

Peut-être qu'en regardant le film plusieurs fois, vous serez de moins en moins effrayé par ces images. Ce n'est pas que le film sera différent, mais vos émotions auront changé et vous le percevrez d'une autre manière.

Si vous savez qu'une émotion peut vous déstabiliser, il est utile d'apprendre à la contrôler ou de faire en sorte de ne plus vous y confronter – si vous ne vous en sentez pas capable pour le moment.

Le choix d'un film d'horreur va probablement vous mettre dans un état de peur et de panique. Si vous êtes naturellement capable de réorienter rapidement vos pensées vers des émotions plus joyeuses, il ne vous posera aucun problème, mais dans le cas contraire, ces images continueront de hanter votre esprit et de vous perturber.

Dans ce cas, dites-vous que vous n'êtes pas en mesure de regarder ce type de film et choisissez des comédies.

N'allez pas à l'encontre de votre nature sensible simplement pour faire plaisir aux autres ou pour ne pas paraître bête. Lorsque vous aurez acquis, avec le temps ou l'apprentissage, la capacité de gérer vos émotions, vous serez alors plus en mesure de regarder ce film.

Le mieux, c'est d'apprendre à contrôler ses émotions et d'en développer un maximum de positives.

Ainsi, vous aurez pris l'habitude d'être principalement dominé par ce type d'émotions et le fait d'être parasité à l'occasion par une émotion plus difficile ne vous bousculera pas. Vous saurez instinctivement retrouver votre état d'esprit habituel, celui que vous connaissez si bien.

La clé de ce pouvoir, c'est de cultiver le plus souvent possible des émotions positives, qu'elles soient provoquées par le rire, par l'amour, par la nourriture... Quelle que soit la source de votre bonheur, cultivez-la et faites-la revenir dans votre vie le plus souvent possible.

Histoire vécue

Une de mes clientes avait la phobie du sang. Cela provoquait en elle la peur d'attraper une maladie. Elle m'a appelé un jour pour me dire qu'en allant acheter du pain, elle avait vu sa boulangère avec un pansement sur le doigt à cause d'une petite coupure. Elle s'aperçut ensuite que son doigt avait touché le papier qui entourait son pain, sans pour autant que celui-ci ne soit entaché de sang puisque le pansement protégeait le doigt. Malgré cela, elle était envahie pas un sentiment de peur à l'idée qu'elle puisse attraper une quelconque maladie. Elle jeta sa baguette craignant une improbable contamination de celle-ci au contact du papier.

Elle continua la conversation en me racontant que son fiancé s'était également coupé quelques jours plus tôt. Peu avant cela, elle avait encore été confrontée à une autre blessure.

Je lui fis alors remarquer que les gens de son entourage étaient souvent blessés alors que dans mon souvenir, cela faisait bien longtemps que je n'avais pas vu quelqu'un s'écorcher et même si j'y avais été confronté récemment, il y a de fortes chances pour que je ne m'y sois même pas arrêté. L'important était dès lors d'orienter différemment ses émotions pour que sa peur ne se concrétise par des faits réels.

Cela ne voulait pas dire qu'elle portait malheur aux gens à leur contact, mais que ses émotions l'obligeaient à se concentrer principalement sur cette vision et, tout naturellement, elle ne voyait que cela.

Ses pensées étaient tellement orientées vers cette émotion et elle y mettait tant d'énergie que ces situations venaient à elle de façon beaucoup plus fréquente que pour quiconque. En réalité, tout le monde ne se blessait pas à son contact, mais elle ne prêtait de l'attention qu'à ces personnes-là, pour la simple raison que cette émotion était devenue habituelle et dominait son esprit.

De la même manière, si cette cliente n'avait laissé que des émotions positives l'envahir, elle n'aurait vécu que des situations pouvant provoquer cette émotion. La solution était donc de chercher à lui faire vivre le plus souvent possible une bonne émotion jusqu'à ce que cette peur n'ait plus de place pour rester ou réapparaître dans son esprit.

Que vos émotions deviennent créatrices

Pour améliorer votre vie, il est important que la majorité de vos émotions soient positives et heureuses. Plus vous passez de temps à rire ou à avoir une émotion joyeuse, moins il restera de temps pour les émotions perturbantes. C'est donc un excellent moyen pour orienter facilement et en douceur vos pensées afin que celles-ci soient en dominante positive et, grâce à cela, d'obtenir la vie de vos rêves.

Si vous nourrissez une passion pour le dessin, pour la musique, pour l'écriture ou pour le sport, accordez-vous toujours du temps pour vous y adonner. Cela vous permettra d'amplifier vos émotions positives, de vous rendre heureux et de faciliter l'arrivée de bonnes nouvelles dans votre vie.

Entourez-vous de gens enjoués. Les sourires et les rires sont tellement communicatifs qu'il ne faut pas se priver d'en recevoir et d'en transmettre aux autres.

Vous verrez rapidement qu'il vous est plus facile que vous ne pourriez le croire de changer vos émotions pour ne conserver que les bonnes et éliminer celles qui vous perturbent. Ainsi, vous vous assurerez une vie plus joyeuse et attirerez à vous les moments heureux.

4. LA CONFIANCE

Si vous n'avez pas confiance en vous, si vous ne vous aimez pas,
alors ne pensez pas aux aspects douloureux de vos vies.
Songez plutôt à ce fantastique potentiel d'être humain
que vous détenez. Il ne demande qu'à croître.

SA SAINTETÉ LE XIVE DALAÏ-LAMA

Pouvoir de la confiance

Voici une émotion qui est un pouvoir à elle seule. La confiance vous permet de ne plus être perméable aux énergies négatives qui vous entourent (pensées, émotions, etc.) et surtout de renforcer vos désirs de façon exceptionnelle.

La confiance vous permet de développer une foi inébranlable dans vos rêves et cela vous assure de les voir se réaliser concrètement et rapidement dans votre vie.

Dans quelque situation que vous vous trouvez, si vous avez la confiance, vous ne vous sentirez jamais désemparé. Même dans les moments critiques, si on garde confiance, on peut calmer notre esprit et lui éviter d'être envahi par des émotions ou des pensées négatives. Ainsi, on ne se décourage pas et nous gardons le cap qui nous permet de croire en l'amélioration de notre situation.

Imaginez que l'on vous dise que vous n'êtes pas choisi pour un travail auquel vous avez posé votre candidature. Si vous avez confiance en vous, vous vous direz simplement que ce n'était peut être pas le poste idéal et que vous trouverez mieux. Certains même se diront que, finalement, cette entreprise ne vous mérite pas (cela dépend de la dose de confiance que vous avez en vous-même). Par contre, si vous manquez de confiance, vous serez déstabilisé par cette nouvelle et cela provoquera une profonde déception.

Comme pour les émotions négatives, le fait de manquer de confiance en vous peut vous paralyser et vous empêcher de vous lancer dans de nouvelles recherches alors qu'en ayant confiance en vous, vous irez de l'avant et mettrez toutes les chances de votre côté pour trouver le travail de vos rêves.

Une personne désemparée est une personne qui a perdu confiance. Elle devient particulièrement vulnérable à toutes les attaques qui peuvent se présenter. Alors qu'une personne qui a confiance en elle ne se sentira jamais déstabilisée par ces mêmes attaques. Cela ne signifie pas que les attaques sont plus violentes dans un cas que dans l'autre. Elles peuvent être identiques, mais c'est le sentiment dans lequel se trouve la personne qui change sa perception et surtout qui change l'importance et l'intensité de ces attaques.

Histoire vécue

Voici l'exemple d'un client qui est venu me voir pour me dire qu'il se sentait régulièrement victime de l'attitude d'autres personnes à son égard. Il me dépeignit alors sa vie en m'expliquant qu'il était toujours critiqué par ceux qui l'approchaient.

Cela peut aller d'une réflexion sur son physique, sur ses habits, son comportement, etc. À chaque critique, ce client se sentait blessé.

Il est évident que ces mêmes réflexions faites à une personne qui a confiance en elle n'auraient pas eu le même impact. Elle aurait pu, par exemple, penser que la critique est utile et décider de modifier quelque chose chez elle ou, au contraire, se dire que cette remarque n'a pas de sens et passer à autre chose.

Dans les deux cas, la personne ne se sentirait pas blessée par la critique alors que mon client, lui, se sentait fortement perturbé par ces mêmes remarques.

Le travail de *coaching* fut long, mais en montrant à ce client qu'il avait de quoi être fier de son parcours, j'ai pu lui faire comprendre que ces remarques étaient insignifiantes et qu'il pouvait sans aucun doute retrouver sa confiance en lui-même. Ce client ne s'est plus jamais laissé déstabiliser par de telles réflexions et sa vie s'est évidemment améliorée.

5. Le karma

Bonne est l'action qui n'amène aucun regret
et dont le fruit est accueilli avec joie et sérénité.
Bouddha Sakyamuni

Pouvoir du karma

Ce pouvoir est celui qui nous indique que chaque chose, chaque situation, chaque pensée a sa raison d'être et doit son existence à une relation de causes et de conséquences. Cette croyance asiatique est quelque fois mal comprise en Occident, mais elle signifie simplement que ce qui arrive dans notre vie n'est pas dû au hasard. Cette vision est trop souvent associée à une forme de punition ou une récompense qui survient dans notre vie sans que l'on ne puisse rien y faire. En réalité, il s'agit simplement d'un résultat logique et, pour obtenir ce que nous souhaitons, il nous suffit de nous en donner les moyens. Comme il est utile d'avoir des pensées positives pour attirer à soi des situations identiques, chaque action positive que nous posons nous apportera tôt ou tard un résultat favorable.

Si vous vous êtes concentré sur vos études et que vous avez obtenu votre diplôme, vous ne le devez pas au hasard, vous le devez aux connaissances que vous avez acquises. De la même manière, il est parfois possible de mettre beaucoup d'énergie dans une action qui nous tient à cœur et de ne pas obtenir le résultat en finalité. Il faut alors se demander si nous avions suffisamment confiance en la réalisation de notre projet et si nous avions de bonnes pensées. Si vous avez l'impression d'avoir rempli ces conditions, prenez un moment de recul pour vous demander qu'elles ont été vos actions et pensées depuis plusieurs années. Peut-être que vous avez nourri des actions ou des pensées négatives durant plusieurs années et ne les avez positivées que depuis quelques mois. Il est évident que vous recevez encore le résultat de ces années de négativité. Cela ne signifie pas que vos actions d'aujourd'hui ne produiront pas d'effet, mais il leur faut peut-être encore un peu de temps pour se concrétiser. Ne voyez pas cela comme une sanction car en réalité tout dépend de vous. Les erreurs ont à être corrigées, pas à être punies.

En effet, en plusieurs années vous avez eu le temps d'avoir confiance en vos actions ou pensées et il vous faut encore un peu de temps pour donner cette confiance à vos nouvelles énergies positives. Cela nous ramène à l'importance de la confiance. Plus vous parviendrez à avoir confiance en vos actions et pensées positives rapidement, plus vous effacerez vos anciennes énergies et ainsi vous pourrez récolter les fruits de vos bonnes actions et pensées.

Imaginez que vous n'ayez pas du tout prêté attention à vos études durant les 8 premiers mois de l'année, il vous sera très difficile de redoubler de volonté pour rattraper ce temps perdu sur les 4 mois restants. Ce n'est pas impossible, mais vous pouvez perdre confiance et vous sentir découragé par la tâche alors qu'un autre à votre place se dira qu'il n'est jamais trop tard et réussira là où vous pourriez échouer par manque de confiance.

Le pouvoir du karma est donc essentiel à maîtriser car en ayant conscience de son existence, vous ne vous laisserez pas abattre devant une difficulté. Au contraire, vous conserverez la confiance dans votre avenir et tout s'arrangera rapidement comme vous l'avez toujours souhaité. L'important est de ne pas regarder en arrière et de se concentrer sur ce que l'on souhaite maintenant.

Histoire vécue

Une de mes clientes regrettait de n'avoir pas terminé des études qui lui auraient permis d'accéder à un poste prestigieux. Je lui fis alors remarquer qu'au lieu de cela, elle avait construit sa vie de famille avec un mari aimant et de beaux enfants bien élevés. Je lui demandai si elle pensait qu'elle aurait pu réaliser cela si elle avait continué ses études et obtenu ce poste important. Elle me répondit que cela ne lui aurait pas été possible. À cet instant, elle se rendait compte que ses regrets se transformaient en gratitude envers la vie qui lui avait permis d'accomplir une partie de ses rêves. Il restait en effet encore une partie non réalisée, mais elle était encore jeune et il lui était encore possible de reprendre ses études, voire de changer ses aspirations professionnelles.

Elle décida qu'elle ne souhaitait plus reprendre ses études mais que ses expériences personnelles, acquises grâce à sa vie de tous les jours, lui permettraient de créer sa propre entreprise. Elle se lança en affaires et connut un très beau succès.

Si elle avait continué à penser à son passé, à ses regrets, à ses échecs, elle aurait été incapable de relever ce défi, mais à partir du moment où elle a compris qu'elle tenait entre ses mains son destin, donc le pouvoir du karma, elle s'est fixé un objectif et mit toutes les chances de son côté pour réussir brillamment.

Que votre karma devienne créateur

Comme pour vos pensées et vos émotions, prenez conscience que plus vous accomplirez de bonnes actions, plus il vous arrivera de bonnes choses. Faites en sorte de remplir vos journées de moments d'attention que vous pourrez octroyer à d'autres personnes, de gentils compliments que vous pourrez leur faire, des paroles bienveillantes que vous pourrez distribuer ici ou là ou des gestes de générosité et vous obtiendrez à votre tour des marques d'affection, de reconnaissance et autres récompenses que vous n'aurez même pas réclamées, mais que le pouvoir du karma mettra tout naturellement sur votre route.

a) *l'interdépendance*

Il s'agit d'une composante du karma qui stipule que tout est relié et que rien n'existe sans ce qui lui a permis d'exister. En l'utilisant comme un pouvoir, vous renforcez votre capacité à créer des pensées positives et à comprendre comment les choses peuvent évoluer.

C'est grâce à l'interdépendance que tout ce que nous voyons et connaissons existe. Pour qu'une chaise existe, il a fallu auparavant qu'un arbre pousse, que des personnes coupent cet arbre et ensuite que d'autres prennent des outils (eux-mêmes ont été créés par le pouvoir de l'interdépendance) et taillent des morceaux qui ont ensuite été assemblés pour créer la chaise qu'une personne avait dans un premier temps dessinée C'est ainsi que de ce simple dessin, qui était à l'origine une idée, donc une pensée, s'est créé tout un scénario dans lequel chacun des personnages et chacune des matières ont joué un rôle essentiel. Il suffirait de supprimer une seule de ces personnes, de ces objets ou de ces étapes pour que la chaise ne soit jamais créée.

Dans un autre registre, de nombreux scientifiques, dont Albert Einstein, sont d'accord pour dire que si les abeilles disparaissaient, il ne resterait que peu de temps à l'humanité pour survivre.

Pour la simple raison que les abeilles sont essentielles à la pollinisation des fleurs qui donneront ensuite naissance aux fruits et légumes que nous consommons. Ce qui signifie que notre vie dépend aussi de l'existence des abeilles (c'est le pouvoir de l'interdépendance).

Que l'on soit d'accord ou non avec l'affirmation selon laquelle nous ne pourrions survivre à la disparition des abeilles, il est indiscutable que nous perdrions de nombreux fruits et légumes par faute d'impossibilité de polliniser nous-mêmes les fleurs. Le fruit n'est pas une abeille, mais sans l'abeille, le fruit n'existe pas.

Lorsque l'on comprend cela, on peut alors accepter l'idée que tout ce qui nous entoure est indispensable. Cela nous oblige à développer l'humilité et le respect envers chaque être vivant et chaque chose qui nous entoure.

b) *l'impermanence*

Tout comme l'interdépendance, l'impermanence fait partie intégrante du karma. Elle signifie que tout est en perpétuelle évolution. Heureusement, l'impermanence existe car sans elle, rien n'existerait. Si nous mettions de côté durant un bref instant le pouvoir de l'impermanence, les conséquences en seraient aussi incroyables qu'inquiétantes.

Imaginons que dans ces conditions vous plantiez une graine censée donner naissance à une belle plante. En l'absence de l'impermanence, cette graine resterait à jamais figée. Elle ne s'abîmerait certes pas, mais elle ne donnerait jamais naissance à cette belle plante. Une vie sans l'impermanence est donc une vie figée durant laquelle rien ne se passe. Sans elle, la vie n'existerait tout simplement pas.

Certains s'imaginent qu'il pourrait être intéressant d'avoir du beau temps de façon permanente, mais si l'on y réfléchit un peu et que la pluie ne venait jamais, la vie ne pourrait durer bien longtemps. Nous avons donc besoin que les choses changent. De la même manière, nous avons tous besoin de progresser et d'apprendre de nos erreurs pour ne plus avoir à les revivre. Grâce à l'impermanence, lorsque nous vivons une période difficile, nous pouvons nous réjouir que cela ne durera pas.

Les bouddhistes enseignent que rien n'existe en tant que tel et que tout n'est qu'illusion. Ils nomment cela la Vacuité. Les Occidentaux ont beaucoup de mal à comprendre ce principe car pour eux, les choses existent parce qu'ils les voient. En réalité, les bouddhistes disent simplement que les choses existent non pas grâce à elles-mêmes, mais plutôt grâce à des causes et des conséquences, grâce au karma, à l'interdépendance et à l'impermanence. De plus, ils disent que chaque chose peut être perçue différemment selon l'esprit qui la regarde (ce que vous pourrez comprendre au chapitre suivant : *Pouvoir de la subjectivité*). Une fois ces principes compris et assimilés, les Occidentaux comprendront parfaitement les enseignements bouddhistes sur la Vacuité et ne pourront qu'acquiescer.

6. La subjectivité

Je ne veux ni ne rejette rien absolument,
mais je consulte toujours les circonstances.
Confucius

Pouvoir de la subjectivité

La subjectivité est la manière dont chacun peut percevoir une chose, une situation, un objet, une émotion, une image, un son, une couleur, etc. Ainsi, chacun peut réagir différemment selon son éducation, ses émotions ou son état d'esprit. Si vous présentez à quelqu'un un vêtement de couleur rose pour bébé en lui demandant de quel sexe est l'enfant, il est probable que la personne vous réponde qu'il s'agit d'une fille tout simplement parce que nous avons pris l'habitude d'attribuer cette couleur aux filles alors que le bleu est associé aux garçons. De la même manière, les diamants étaient autrefois réservés aux hommes qui les portaient, accompagnés de dentelles sur leurs vêtements, ce qui serait aujourd'hui plutôt réservé aux femmes. Il s'agit donc d'une question de subjectivité selon nos coutumes et traditions.

Cela ne signifie pas que tout le monde soit obligé de penser ou de voir les choses de la même manière. Ainsi, un pessimiste verra le verre à moitié vide quand un optimiste le verra à moitié plein. En réalité, le verre contient la même quantité de liquide, mais chacun aura une vision et une émotion différente en le regardant. Évidemment, l'optimiste sera satisfait à l'idée qu'il lui en reste encore une moitié alors que le pessimiste se plaindra d'en avoir trop peu. Dans les deux cas, chacun aura raison selon son point de vue, mais l'un sera content alors que l'autre en souffrira. Posez-vous alors la question de savoir si vous préférez entretenir une subjectivité négative qui vous entrave ou positive qui vous permet de vous réjouir sans cesse et d'atteindre vos objectifs éventuels.

La subjectivité peut parfois apparaître de prime abord ni négative ni positive. On dit souvent que les goûts et les couleurs ne se discutent pas et il appartient à chacun d'aimer une chose plutôt qu'une autre. Ce pouvoir est d'ailleurs nécessaire car la vie est faite de différences et de particularités et le bonheur veut que chacun puisse y trouver ce qui lui plaît. En réalité, cette subjectivité peut devenir négative si l'on essaie de vous imposer le point de vue de l'autre ou si vous essayez d'imposer le vôtre aux autres (voir le chapitre *Pouvoir du respect et du détachement*). Il faut savoir que si vous n'avez pas les mêmes goûts que les autres, cela ne signifie pas que vous ayez tort et qu'ils aient raison. Cela ne signifie pas que vous deviez à tout prix vous conformer au goût de la majorité ou à la vision que les autres ont d'une personne, d'une chose ou d'une situation.

Vous pouvez également utiliser ce pouvoir pour relativiser votre manière de voir les choses et faire en sorte que vous ne soyez plus frustré de certaines situations.

Le fait de nourrir une subjectivité positive vous aide à progresser alors qu'une subjectivité négative vous fera totalement stagner.

Une situation peut vous paraître mauvaise dans un premier temps puis, lorsque vous parvenez à orienter correctement votre subjectivité, vous vous apercevez que cette même situation peut vous offrir de nouvelles opportunités. Peut-être même que cette situation vous force à vous dépasser, à espérer quelque chose d'encore mieux.

Histoire vécue

Une de mes clientes n'aimait pas la maison dans laquelle elle venait d'emménager. Elle ne la trouvait pas suffisamment jolie. Je lui demandai alors pourquoi elle l'avait tout de même achetée. Elle me répondit que son prix était vraiment bas et qu'elle n'avait pas les moyens d'acheter quelque chose de plus cher. Elle voulait y faire des travaux mais n'avait pas assez d'argent pour le moment. Le problème était qu'elle ne s'y sentait vraiment pas bien. Après notre séance de *coaching*, elle arriva à comprendre qu'elle avait déjà la chance d'être propriétaire et d'avoir ainsi réalisé un de ses rêves. Elle avait pu l'acheter avec ses économies sans faire d'emprunt. Elle pouvait donc se réjouir de n'avoir ni mensualités ni loyer à payer. Elle n'avait peut-être pas les moyens de faire les travaux d'embellissement, mais elle développa une plus grande confiance en l'avenir. Elle comprit qu'elle aurait les moyens de faire des travaux petit à petit. Elle revint quelques jours plus tard en me disant qu'elle se sentait de mieux en mieux chez elle, même sans avoir fait aucune transformation. Elle ne la voyait plus dans son état brut, mais elle percevait désormais son potentiel.

Que votre subjectivité devienne créatrice

Apprenez à toujours voir les choses de l'angle le plus positif qui soit. Cela vous permet de ne jamais être déçu, car même si une situation vous déplaît vous saurez y voir ce qu'il y a de bon. Faites en sorte que votre vision de la vie se porte essentiellement sur les éléments que vous parvenez à percevoir positivement. Si vous n'arrivez pas à le faire pour tout, oubliez ou éliminez graduellement ce qui ne vous convient pas.

Par exemple, si vous avez connu des difficultés dans votre passé, il y a forcément dans ce même passé ou dans votre présent des moments ou des situations que vous parvenez à ressentir de façon positive. Vous devrez alors vous concentrer uniquement sur ces bonnes choses afin de pouvoir assurer votre confiance en l'avenir et ainsi voir les choses de façon positive pour créer une subjectivité constructrice, celle sur laquelle vous pourrez compter pour améliorer votre vision de la vie.

7. Le respect et le détachement

La vraie richesse d'un homme en ce monde
se mesure au bien qu'il a fait autour de lui.
Mahomet

Pouvoir du respect et du détachement

Ce pouvoir est essentiel à votre bien-être car plus vous aurez de respect envers les autres et de détachement envers les choses et les situations, plus vous ressentirez un sentiment de liberté (voir le chapitre suivant *Pouvoir de la liberté*). Le respect envers les autres, c'est également apprendre à reconnaître que chacun a le droit de penser ou de faire ce qu'il veut, du moment que cela ne porte pas atteinte aux autres. Comme il a été dit dans le chapitre précédent, ce n'est pas parce que vous ne partagez pas les opinions de quelqu'un qu'il a forcément tort par rapport à vous ; il est même possible que ni vous ni l'autre n'ayez tort. Il vous faut donc absolument respecter les points de vue de chacun pour ne pas en être affecté. C'est ainsi que le pouvoir du détachement – qui est lié à celui du respect – prend tout son sens. Lorsque j'évoquais plus haut les critiques à notre égard, celles-ci peuvent parfois être justifiées et nous devons donc les prendre en considération, mais il faut aussi faire preuve d'un certain détachement pour ne pas en être affecté de mauvaise manière.

Imaginons que vous manquiez de confiance en vous et qu'on vous en fasse la remarque, cela peut vous blesser, surtout si cela est vrai. Si vous ne faites pas preuve de détachement face à cette remarque, elle ne sera jamais constructive et il est important pour vous de faire en sorte que chaque expérience de la vie de tous les jours devienne une expérience qui vous permet d'évoluer. Par contre, avec le détachement et en considérant que cela ne vous atteint pas, vous ne prendrez alors que le meilleur de cette remarque en vous disant que c'est une occasion de changer, le moment de progresser. Ainsi, vous aurez réussi l'exploit de transcender cette critique pour transformer votre vie.

Le détachement est primordial pour ne pas se sentir blessé dans certaines situations.

Imaginons que vous croisiez par hasard dans la rue une personne que vous connaissez et qui ne vous adresse pas la parole. Si vous y prêtez attention, vous allez peut-être vous dire que vous avez vieilli, grossi ou maigri à tel point que cette personne ne vous a même pas reconnu. Cela peut provoquer une émotion négative. Alors que si vous faites preuve de détachement, vous vous direz qu'elle ne vous a tout simplement pas vu, qu'elle était accaparée par ses pensées. Peu importe que vous ayez changé ou non, que cette personne ait fait semblant ou non de vous voir, l'important c'est la manière dont vous avez perçu cette situation car cela démontre votre degré de détachement. Il est évident que ce détachement peut aussi avoir lieu dans de bonnes situations et c'est là qu'il faut apprendre à porter à nouveau attention aux choses qui vous plaisent. Plus vous êtes détaché des situations difficiles, plus elles vous sembleront banales et plus vous les gèrerez avec facilité. Attachez-vous aux choses qui représentent une valeur positive à vos yeux et ainsi, la moindre bonne nouvelle provoquera chez vous une émotion d'une grande intensité positive, propice à la réalisation de vos désirs.

Histoire vécue

Une de mes clientes ne comprenait pas que sa fille soit tombée amoureuse d'un homme qui n'avait pas une situation professionnelle très rentable financièrement. Je lui demandai alors si elle le trouvait méchant. Elle me répondit que non, mais elle ajouta qu'il ne lui semblait pas beau non plus. Par ce jugement, cette cliente ne respectait pas le choix de sa fille et qui plus est, ne démontrait pas le détachement nécessaire.

Si cet homme n'était réellement pas fait pour sa fille, c'était à cette dernière d'en décider. Un jour ou l'autre, elle s'en apercevrait sinon, c'est qu'il lui convenait.

Si, au contraire, cet homme était bien fait pour elle, sa mère voulait ainsi l'empêcher de vivre son bonheur uniquement parce qu'il ne lui convenait pas à elle. Lors de nos séances de *coaching*, je lui appris à respecter le choix de sa fille et à développer le détachement nécessaire pour laisser la chance à cet homme de faire ses preuves.

Enfin, je lui fis comprendre que comme ce n'était pas elle qui vivait avec cet homme, elle ne devait pas se mêler de leur vie de couple.

Aujourd'hui, cette cliente est ravie de ce gendre qu'elle n'aimait pas au départ car elle a appris à le connaître et a découvert quelqu'un de très bien.

C'est en respectant le choix de sa fille par le détachement nécessaire qu'elle a donné à cet homme l'occasion de lui démontrer ses qualités. Si elle ne l'avait pas fait, elle aurait probablement perdu la confiance de sa fille et peut-être même brisé leur relation mère-fille. Elle aurait continué à vivre dans le regret perpétuel de son gendre idéal et hypothétique.

Que votre respect et votre détachement deviennent créateur

Prenez l'habitude de ne pas vous mêler de la vie ou du choix des autres. Respecter leurs opinions, leurs goûts et leur mode de vie même si vous ne les comprenez pas. Quand quelqu'un prend un chemin qui vous semble mauvais et que vous avez de bonne foi voulu prévenir cette personne qu'elle ferait mieux de changer, acceptez par le détachement qu'elle écoute ou non votre conseil. Cela vous permettra de ne pas ressentir les choix des autres comme un rejet. Comprenez que, même si vous pouvez donner des conseils, il appartient à chacun de faire selon sa propre volonté.

8. La liberté

La vie est une chance, saisis-la.

Mère Teresa

Pouvoir de la liberté

De la même manière que vous devez respecter les autres et faire preuve de détachement devant les situations qui vous déplaisent, vous devez également prendre conscience de votre propre liberté. En effet, si vous devez accepter leurs choix, ils doivent en retour comprendre que vous possédez également les mêmes droits. Le pouvoir de la liberté, c'est aussi celui d'aller de l'avant ou de prendre le temps de vous poser.

Quelques fois, nous nous retrouvons dans une situation qui nous paraît bloquée et nous avons le sentiment de perdre notre liberté. Trop souvent, on s'aperçoit qu'il ne s'agit en réalité que d'une apparence. Et même si dans de rares cas nos libertés peuvent être limitées, il faut toujours garder à l'esprit que personne ne peut vous empêcher de penser et que, grâce à l'impermanence, votre situation n'est pas figée. Celle-ci pourra évoluer et les bonnes pensées que vous aurez réussi à conserver durant ce laps de temps pourront à nouveau se concrétiser.

Songez aux personnes qui se sont cassé une jambe ou un bras à la suite d'une chute ou d'un accident. Bien entendu, il leur sera difficile de marcher pour les uns ou de porter des colis pour les autres. Cela ne signifie pas qu'elles doivent baisser les bras et penser qu'elles n'y arriveront plus car, dans ce cas-là, le découragement pourrait leur faire perdre l'envie de réapprendre à utiliser leurs membres une fois guéris. Ils doivent au contraire continuer de penser de façon positive.

Imaginez un champion de tennis qui se retrouve avec un bras dans le plâtre durant quelques mois. Il devra certes mettre son activité sportive entre parenthèses, même s'il continue de mûrir de bonnes pensées et rêve à son prochain tournoi. Il aura envie de se remettre rapidement et, lorsque son bras sera guéri, il s'attellera avec détermination à sa rééducation pour reprendre aussitôt le chemin de la compétition. Dans le cas contraire, s'il s'imagine avoir perdu son pouvoir de liberté et qu'il voit ses projets contrariés, il pourrait mettre beaucoup plus de temps à récupérer l'usage de son bras, voire pire, de ne pas retrouver son agilité d'avant et voir ses rêves de victoires s'envoler.

Ainsi, il est facile de comprendre que le pouvoir de liberté orienté de façon positive vous permet de surmonter les obstacles avec rapidité et facilité.

Histoire vécue

Une de mes clientes est venue un jour pour me dire que son mari l'avait quittée alors qu'elle l'avait, selon ses dires, « créé ».

Je lui demandais ce qui lui permettait de dire cela et elle me répondit s'être sacrifiée en lui donnant toute l'énergie nécessaire pour qu'il réussisse dans sa vie professionnelle.

Elle reconnut qu'il ne l'avait pas forcée à faire ce choix, mais qu'il devait s'en sentir « redevable à jamais ».

Cette cliente n'avait pas compris qu'elle avait pris cette décision d'elle-même, sans aucune pression. Son sacrifice a certes permis à son mari de progresser rapidement, mais il serait probablement parvenu au même résultat si elle avait fait le choix de construire, parallèlement à lui, son propre avenir professionnel.

Il est évident que cette cliente n'avait pas fait preuve du détachement nécessaire pour comprendre que chacun d'eux avait bénéficié des avantages du statut du mari. Celui-ci avait rapporté beaucoup d'argent au sein du foyer et cela leur avait donné une qualité de vie très confortable.

Il était important qu'elle prenne conscience d'avoir mal utilisé son pouvoir de liberté (puisqu'elle était désormais frustrée de ses choix passés) pour ne pas les reproduire à l'avenir. Les séances de *coaching* ont permis à cette cliente de se consacrer enfin à ses projets professionnels et même de rencontrer un nouveau compagnon.

Elle a pris conscience que l'on n'est jamais obligé de se sacrifier, que l'on peut faire ce que l'on souhaite et que notre conjoint possède le même pouvoir. Ainsi, la relation est équilibrée et chacun y trouve son bonheur.

Que votre pouvoir de liberté devienne créateur

Prenez conscience dès aujourd'hui que votre vie vous appartient et que vous avez le pouvoir de concrétiser chacun de vos rêves. Souvenez-vous que lorsque vous étiez enfant, par pureté et par innocence, tout pouvait vous sembler possible.

Reconnectez-vous à l'enfant que vous étiez, car à cette époque, vous aviez en réalité pleinement conscience de votre pouvoir de liberté. Ce n'est que plus tard, de par votre culture, votre éducation et ensuite par vos expériences que vous avez établi des limites à votre liberté.

Cela ne signifie pas que vous n'êtes plus libre de faire ou penser ce que vous souhaitez, mais vous ne vous y autorisez plus et avez l'impression que l'on ne vous y autorise plus. Retrouvez votre âme d'enfant grâce à laquelle tout vous semblait possible et comprenez qu'en devenant adulte, non seulement vous n'avez pas perdu cette faculté mais qu'en plus de cela, vous avez acquis des connaissances, de la maturité.

Ne faites plus de vos expériences des barrières qui vous empêchent d'avancer, mais utilisez tout ce que vous pouvez en retirer de bon pour augmenter votre confiance en vous-même et ainsi vous prendrez conscience de votre pouvoir de liberté.

9. La répétition

Choisis toujours le chemin qui semble le meilleur même s'il paraît difficile : l'habitude le rendra bientôt agréable.

Pythagore

Pouvoir de la répétition

Ce pouvoir est totalement magique car grâce à lui, vous pouvez vous débarrasser de vos mauvaises émotions, de vos pensées négatives et de vos actions défavorables.

Si vous rencontrez des difficultés dans votre vie actuelle, que vous vous mettez trop de limites, vous avez alors utilisé, peut-être sans en avoir conscience, ce pouvoir de façon négative.

Ce que nous apprenons est toujours le fruit de la répétition. Lorsqu'un enfant apprend à lire et à écrire, il le fait grâce au pouvoir de la répétition. Il faut pour cela lui montrer un mot en lui associant un son et, à force de répétition, il assimilera le fait que ce mot corresponde au son qu'on lui a soufflé à l'oreille. De la même manière, c'est à cause de nos expériences et de notre éducation que nous nous créons des limites par la force de la répétition. Imaginez une personne qui a connu de mauvaises expériences avec les chiens. Lorsqu'elle était enfant, un chien l'avait mordue, une seconde fois un peu plus âgée et peut-être même une troisième fois : cette répétition aura induit dans son esprit la peur des chiens. Cela ne signifie pas, bien entendu, que tous les chiens sont méchants, mais elle en aura peur car son expérience et le pouvoir de la répétition auront gravé cette idée dans son esprit. Dans ce cas, le pouvoir aura été négatif et aura créé des limites dans l'esprit de cette personne (ne pas s'approcher d'un chien de peur d'être à nouveau mordu).

La bonne nouvelle, c'est que cette mauvaise information peut également être déracinée de l'esprit de cette personne par ce même pouvoir de la répétition, mais cette fois dans un sens positif.

Il sera par exemple possible de lui présenter, dans un premier temps, des petits chiots pour l'attendrir et lui faire prendre conscience qu'il n'y a pas de danger à craindre à leur contact et, petit à petit, l'emmener voir des chiens adultes, les caresser et même terminer par des chiens de la même race que ceux qui l'ont mordue dans le passé. Ce nouveau pouvoir de répétition indiquera à son esprit que les chiens ne sont pas tous méchants et elle n'aura plus à avoir peur.

En prenant conscience de ce pouvoir de la répétition, on s'aperçoit que l'on peut surmonter toutes nos peurs, toutes nos craintes, toutes les limites que nous nous imposons, soit à cause de nos expériences, de notre éducation ou de notre entourage.

Comme nous l'avons vu précédemment au sujet de l'impermanence, rien n'est figé et c'est la raison pour laquelle nous nous devons de faire disparaître de nos esprits les pensées et les émotions négatives. Utilisez le pouvoir de la répétition pour les remplacer progressivement par leurs équivalents positifs.

Histoire vécue

J'ai un petit chien de la race des carlins qui possède un caractère très facile et sociable. Un jour, il a rencontré un chien de la race des labradors, de bien plus grande taille que lui et ce chien a aboyé et grogné comme s'il voulait le mordre. Un peu plus tard, il rencontra à nouveau un autre chien de grande taille qui eut la même réaction que le labrador. À partir de ce moment, il s'est mis à avoir peur des gros chiens, tout en restant sociable avec ceux de petites tailles.

À cause du pouvoir de la répétition, il avait associé les chiens de grande taille à un danger. La solution a été de lui faire rencontrer d'autres grands chiens pour le réhabituer doucement à ne plus avoir peur d'eux.

Même s'il peut se méfier au départ, il n'associe plus tous les grands chiens à un danger.

Que votre pouvoir de répétition devienne créateur

Prenez l'habitude de vous répéter régulièrement des phrases positives qui vous permettront d'augmenter votre confiance en vous tout en vous mettant dans un état d'esprit joyeux, donc constructif.

Cessez de vous rappeler les difficultés que vous avez

traversées et concentrez-vous uniquement sur vos réussites. De cette manière, vous éliminerez vos peurs et laisserez de plus en plus de place à votre créativité.

Si vous avez de la difficulté à croire une affirmation positive, un bon moyen de l'intégrer consiste non seulement à la répéter mais à y ajouter, à chaque répétition, un élément plus positif.

Par exemple, si vous souhaitez acquérir un bien immobilier, mais n'avez pour le moment pas assez confiance dans votre désir, vous pouvez procéder de cette manière :

Répétez ces phrases chaque jour

- Durant 2 semaines :
  « *Je me prépare à l'idée de devenir propriétaire d'une belle maison.* »

- Les 2 semaines suivantes :
  « *J'intègre l'idée de devenir propriétaire d'une belle maison.* »

- Les 2 semaines suivantes :
  « *Je deviens propriétaire d'une belle maison.* »

- Terminez les 2 semaines suivantes :
  « *Je suis propriétaire d'une belle maison.* »

Ces affirmations s'inscrivent facilement dans votre esprit par la force de la répétition et en vous donnant toutes les 2 semaines le sentiment de vous rapprocher de votre but pour enfin l'atteindre, votre confiance s'accroît et vous intégrez l'idée qu'il vous est désormais facile de devenir propriétaire d'une belle maison. Puisque vos pensées seront désormais claires et fixées sur un objectif, les évènements se mettront naturellement en place pour vous permettre de réaliser ce rêve.

Si votre projet est autre que celui d'acquérir un bien immobilier, il vous suffit de suivre ce principe et de l'appliquer à l'objet de vos désirs.

10. L'INTUITION

Quand vous percevez cela par l'intuition vraie,
alors vous vous détachez de la souffrance.

BOUDDHA SAKYAMUNI

Pouvoir de l'intuition

Le pouvoir de la méfiance est négatif et destructeur, son opposé positif est celui de l'intuition qui vous permet d'avancer de la meilleure façon qui soit. Grâce à ce pouvoir qui peut également être assimilé à un sixième sens, vous avez la capacité de comprendre rapidement une situation, de cerner une personne ou de ressentir un danger. Il vous donne la possibilité de ne plus perdre de temps, de ne plus vous laisser avoir. Comme tous les pouvoirs, il s'entretient et vous ne devez pas laisser la méfiance vous envahir.

Comme je l'ai évoqué dans le chapitre précédent, la répétition peut provoquer de la méfiance, comme pour mon petit chien qui, à cause de mauvaises expériences répétitives avec de grands chiens, avait pris l'habitude d'être méfiant et avait peur de tous les chiens. En lui montrant que tous les grands chiens ne sont pas foncièrement méchants, il a assimilé l'idée de faire confiance en son intuition. La méfiance est donc liée à la peur alors que l'intuition est liée à l'expérience et au ressenti. Il arrive désormais à deviner et comprendre par l'attitude, ladémarche, etc., si un grand chien peut ou non être dangereux. Son expérience n'est donc plus négative comme auparavant, mais utile car il ne va plus vers le danger.

Le pouvoir de l'intuition est justement celui qui vous permet d'utiliser vos expériences et vos ressentis afin de savoir si vous courrez ou non un danger. Cela ne vous pousse pas, comme la méfiance, à vivre perpétuellement dans un monde de peur qui aura pour effet de vous couper de la vie et de vous empêcher de profiter pleinement des occasions qui peuvent se présenter à vous. Cela ne vous laisse pas non plus dans une totale naïveté qui pourrait vous faire tomber facilement dans un piège.

Bien entendu, vous pouvez parfois vous tromper, mais quand vous utilisez avec confiance ce pouvoir de l'intuition, toute erreur se transforme en une bonne expérience que vous utiliserez plus tard pour de ne plus vous faire avoir.

Le pouvoir de la méfiance, quant à lui, vous fait réagir différemment. Si vous laissez ce pouvoir négatif diriger votre vie, toute mauvaise expérience se transformera en déception voire même en catastrophe à vos yeux.

Encore une fois, cela vous aide à comprendre que vous devez à tout prix cultiver votre pouvoir d'intuition. Grâce à lui, vous aurez les armes pour surmonter les complications et vous serez également aptes à saisir les opportunités.

Histoire vécue

Un de mes clients m'expliqua un jour ne jamais avoir eu de chance dans la vie. Selon lui, aucune opportunité n'était jamais venue frapper à sa porte.

En discutant avec lui, j'ai pu m'apercevoir qu'il se méfiait de tout.

Il avait connu des difficultés professionnelles dont plusieurs anciens employeurs qui ne l'avaient jamais payé et laissé sans recours.

Il avait baissé les bras et ne croyait plus en rien ni en personne. Il est probable que des opportunités intéressantes se sont déjà présentées à lui, mais son sentiment de méfiance le poussait inconsciemment à ne pas les voir et l'obligeait à ne se concentrer que sur les mauvaises.

Si son état d'esprit avait été positif, s'il avait été plus confiant en son pouvoir de l'intuition, il aurait laissé de côté ses déboires pour n'en conserver que l'expérience.

Au contraire, il a ruminé ses erreurs et sa vie est devenue réellement négative.

Je lui ai fait prendre conscience de tout cela et après qu'il ait évacué sa colère contre ses anciens employeurs (en réalité envers lui-même), il put comprendre que tous les chefs d'entreprises ne sont pas malhonnêtes. Il a assimilé cet apprentissage et trouva rapidement un travail stable avec un patron juste et honnête.

Que votre pouvoir de l'intuition devienne créateur

Utilisez vos expériences passées de façon positive afin d'aiguiser votre pouvoir d'intuition. Grâce à lui, vous êtes en mesure de faire de bons choix et de ne pas être déstabilisé lorsque vous commettez une erreur.

Plus vous l'utilisez, plus ce pouvoir devient puissant et plus vous cernerez rapidement les gens et les situations. Vous ne perdrez plus de temps à réfléchir à vos échecs et vous vous concentrerez sur vos réussites. Grâce à ce souvenir de vos victoires, vous prendrez conscience de vos chances et plus rien ne vous semblera insurmontable ou impossible.

11. L'AMOUR

Aimez-vous les uns les autres. Comme je vous ai aimés, aimez-vous les uns les autres.

JÉSUS-CHRIST

Pouvoir de l'amour

Quel puissant pouvoir que celui de l'amour ! Il est d'une puissance incroyable et doit être utilisé le plus souvent possible. Mettre en application ce pouvoir de l'amour consiste, dans un premier temps, à ne pas juger les autres et à les laisser libres de penser ou d'agir comme ils le souhaitent, sans vous sentir blessé. Il agit donc en synergie avec le pouvoir du respect et du détachement que je vous ai fait découvrir dans les pages précédentes de ce livre.

L'amour est également divisible en plusieurs catégories et intensités. Ainsi, l'amour que vous portez à votre compagne ou compagnon est différent de celui que vous portez à vos amis, il n'est pas non plus le même que celui que vous portez à vos collègues. Il ne s'agit pas d'aimer tout le monde de la même manière, heureusement. Il y a différentes manières d'aimer, mais il est impératif de savoir distribuer de l'amour autour de soi.

Cela peut se faire par un simple sourire pour vos voisins, en étant aimable avec les personnes que vous rencontrez et plus fortement en déclarant votre amour inconditionnel pour vos enfants. Il suffit simplement d'adapter votre pouvoir de l'amour selon les personnes et les situations et la place que vous leur attribuez dans votre cœur.

Le pouvoir négatif de l'amour est celui de la rancœur, celui que l'on a pu étudier auchapitre précédent avec l'exemple que je vous ai donné et dans lequel mon client ressentait de la colère envers ses anciens employeurs. Cette rancœur est destructrice, elle vous empêche de penser à autre chose, c'est à cause d'elle que les bonnes nouvelles tardent à venir vers vous. Vous encombrez alors votre esprit par cette pensée de rancœur et les évènements de votre vie deviennent tous identiques à ces pensées négatives. Vous avez l'impression que le sort s'acharne sur vous et que vous ne vous sortirez peut-être jamais de cette spirale. Si tel est le cas, il n'y a qu'un seul moyen : utilisez le pouvoir positif de l'amour et celui-ci envahira votre esprit jusqu'à qu'il n'y ait plus de place pour la rancœur.

Songez que si l'on vous a fait du mal, vous continuerez de vous en faire en y repensant et, pis encore, vous leur donnerez de l'importance. Ignorez vos difficultés en allant de l'avant, voilà ce qui vous permet de donner moins d'énergie et de puissance à vos blessures et surtout à ceux qui les ont produites. Dans un premier temps, vous avez été blessé par quelqu'un ou quelque chose, mais en continuant d'y penser, à cause du pouvoir de la rancœur, cette difficulté devient oppressante et quasi insurmontable. Vous avez accordé de la puissance à cette blessure et dès lors, elle dirige votre vie. Dans le cas contraire, une blessure d'une intensité identique, gérée par le pouvoir de l'amour, vous paraîtra sans doute injuste, mais vous parviendrez sans difficulté à passer à autre chose et à ne plus y penser.

Certains possèdent cette faculté d'utiliser le pouvoir de l'amour de façon naturelle alors que pour d'autres, c'est celui de la rancœur qui est naturellement dominant. Comme pour toute émotion ou pensée, il est important de cultiver l'aspect positif et d'augmenter l'importance et la place du pouvoir de l'amour dans votre esprit.

N'essayez pas de vous mettre à la place des personnes qui vous ont blessé ou déçu car vous ne parviendrez pas à comprendre leur attitude à votre égard. Vous perdez du temps à tenter de comprendre ce qui les a poussées à mal agir. Il est nettement préférable que vous acceptiez l'idée que tout le monde ne pense ou n'agit pas comme vous et de l'accepter. Bien entendu, les gens peuvent se rendre compte de leurs mauvaises actions et ce sera tant mieux pour eux, mais ne prenez pas les déceptions trop à cœur car, en agissant ainsi, vous continuez à vous nuire. Dites-vous simplement qu'un jour ils comprendront et, si ce n'est pas le cas et que vous perdez le contact avec eux, c'est que vous n'avez pas les mêmes principes et vous ne perdez rien à ne plus les avoir dans votre entourage.

On ne peut pas empêcher les gens d'être méchants, c'est leur libre-arbitre et ce sont eux qui devront en assumer les conséquences, mais ils ne doivent pas réussir à vous rendre méfiant, apeuré ou agressif envers les autres car ce serait les laisser gagner. C'est comme s'ils souhaitaient que vous deveniez comme eux pour ne pas se sentir isolés et pour que vous connaissiez les mêmes difficultés et aigreurs qu'eux. Ne leur donnez pas satisfaction et continuez à distribuer l'amour autour de vous.

Le plus grand des sages est celui qui parvient à éprouver de l'amour pour ses ennemis et pour ceux qui lui ont fait du mal, car il fait une bonne action et peut parvenir à envoyer tellement de bonnes énergies que ces personnes pourront elles-mêmes changer. Et surtout, il s'assure de ne plus jamais craindre personne, ni même aucune situation difficile. Il devient insensible aux énergies négatives et ne capte que les bonnes choses de la vie.

Le fait d'utiliser le pouvoir de l'amour dans la vie de tous les jours vous ouvre des portes.

Les gens vous trouveront avenant et gentil et n'auront pas de prétexte pour émettre des critiques à votre égard. Si malgré tout ils souhaitent le faire, cela ne vous touchera pas. Mieux encore, s'ils essaient de vous discréditer auprès d'autres personnes, nul ne donnera crédit à leurs allégations car tous pourront constater que vous faites rayonner l'amour autour de vous et l'on n'acceptera aucune critique à votre sujet. C'est comme si vous créiez un bouclier autour de vous contre les attaques.

Histoire vécue

Un de mes clients s'est retrouvé confronté de façon répétitive à des difficultés avec son voisinage. Dans un premier temps, il habitait un appartement et se retrouvait confronté à une voisine très jalouse qui avait formulé beaucoup de critiques à son égard auprès d'autres voisins. Elle se montrait méchante à chaque fois qu'elle le voyait et pour des raisons totalement non fondées. Il décida de déménager afin de trouver un endroit plus paisible et il se trouva confronté à d'autres problèmes de même envergure. Il déménagea une troisième foi, dans un quartier qui lui semblait habité par des gens respectables. Il déchanta très vite quand il s'aperçut que sa voisine la plus proche, qu'il n'avait pas rencontrée en emménageant, était visiblement atteinte de problèmes psychologiques qui l'ont poussée à venir l'agresser verbalement de façon très violente et sans raison puis, de passer à des tentatives d'agressions physiques. Il se pressa bien vite de déménager à nouveau, mais il était bien décidé à ne pas reproduire ce schéma. Je lui fis prendre conscience qu'à chaque déménagement, il avait gardé rancœur, méfiance et même de la colère envers ses voisins. Comme ses pensées étaient envahies par la négativité, il ne pouvait s'attendre qu'à de mauvais évènements. À mesure que ces expériences se sont enchaînées, ses émotions de colère et de rancœur se sont ajoutées les unes aux autres, ce qui explique pourquoi chaque situation devenait pire que la précédente. Au départ, son pouvoir de rancœur occupait sans doute 50 % de son esprit puis 60 %, puis 80 % pour enfin atteindre 100 %. De la même manière, l'intensité de ses difficultés s'est accrue. Nous sommes partis d'un petit problème pour en arriver à un très gros.

Il n'arrivait pas à passer à autre chose car il vivait un sentiment d'injustice. Il espérait qu'un évènement vienne le « venger ». Même si ce client est une très bonne personne, il a réussi à se mettre tellement en colère après ses anciens voisins qu'il voulait qu'ils reçoivent le retour de leurs actes. Cette manière de penser n'est bien entendu pas la bonne, car ce n'est pas à nous de rendre justice. Il est certain qu'en agissant ainsi, ces voisins auraient un retour négatif de leurs actions, peut-être l'avaient-ils déjà reçu, que leurs vies étaient déjà si sombres qu'ils en devenaient agressifs. Il ne sert à rien de vouloir se venger. D'autre part, ce sentiment de rancœur se retourne toujours contre celui qui le ressent. En effet, ce client n'arrivait pas à sortir de cette spirale infernale et pis encore, ses déménagements l'avaient épuisé.

Grâce à un *coaching* basé sur l'utilisation et le développement de son pouvoir de l'amour, il commença par comprendre qu'il ne devait plus penser à ses anciens voisins et ne plus craindre de se retrouver confronté à une telle situation. Il n'eut bien évidemment plus de problèmes avec ses nouveaux voisins et put apprendre à les connaître et même y trouver de futurs amis.

Que votre pouvoir de l'amour devienne créateur

Autant que possible, conserver votre sourire en toutes circonstances. Sachez être aimable avec ceux qui vous entourent car c'est le meilleur moyen de s'assurer qu'ils le seront également à votre égard. N'oubliez pas de montrer à vos proches à quel point vous les aimez et cela le plus souvent possible. Rappelez-vous que plus vous remplirez votre esprit de pensées liées à l'amour, plus les évènements dans votre vie en seront remplis.

Nous vivons quelques fois des difficultés qui ne nous donnent pas toujours l'envie d'être agréable avec les autres, mais pensez qu'ils ne sont pas responsables de vos problèmes et qu'il ne sert à rien de se montrer désagréable envers eux.

Dites-vous qu'en étant avenant envers les autres, ils vous répondront de la même manière et cela vous permettra de balayer plus facilement vos problèmes. Un sourire, un geste gentil ou une parole douce sont toujours profitables et ont la force de transformer nos idées négatives en belles pensées.

12. La responsabilité

Aimer autrui ne signifie pas
que nous devons nous oublier.

Dalaï-Lama

Pouvoir de la responsabilité

Utiliser ce pouvoir consiste à ne pas rejeter sur les autres les fautes que nous avons commises et à endosser la responsabilité de notre vécu.

Trop souvent, on rend les autres fautifs de ce qui nous arrive alors que la « loi de l'attraction » nous apprend que nous sommes les créateurs de notre vie et que s'il nous arrive des difficultés, c'est que nos actions, nos pensées et nos émotions – conscientes ou non – ont créé cette situation.

Mettre en application de façon positive ce pouvoir de la responsabilité ne signifie surtout pas que l'on doive se punir, se morfondre ou s'en vouloir. Au contraire, il faut accepter et assimiler cette idée en se disant que tout cela appartient au passé et que nous sommes décidés à aller de l'avant et à ne plus vivre de telles situations.

Vous pouvez parfois vous retrouver confronté à des personnes au comportement douteux envers vous, sans raison. Au lieu de leur en vouloir, car nous avons vu précédemment que le pouvoir de la rancœur est particulièrement destructeur, il vaut mieux vous dire que cela peut vous servir de leçon et prendre le parti de passer à autre chose.

Demandez-vous si vous avez fait quelque chose qui expliquerait ce résultat. Prouvez-vous que vous êtes capable de surmonter aisément la difficulté.

Dans le cas contraire, il est possible que vous n'ayez jamais rien fait qui explique cette attitude négative envers vous, il vous faut donc ne pas prendre cette situation trop à cœur et vous dire que c'est peut-être vous qui avez quelque chose à apprendre à la personne qui vous agresse. Peut-être avez-vous un enseignement à lui apporter ? Qu'elle le comprenne ou non, qu'elle change ou non de comportement, c'est son libre arbitre, mais réjouissez-vous simplement d'avoir eu la chance de permettre à quelqu'un d'évoluer. Ne vous attachez pas au résultat, contentez-vous d'être satisfait d'avoir été choisi par l'Univers pour venir en aide à quelqu'un. Si cela ne fonctionne pas, vous aurez tout de même apporté votre contribution et en serez immanquablement récompensé et, dans le meilleur des cas, vous aurez réussi à faire comprendre à cette personne qu'elle ne doit plus se comporter ainsi. Quelle que soit l'issue, cela doit toujours être accepté comme une expérience positive. Ainsi, vous n'aurez pas été contaminé par de mauvaises pensées et votre esprit sera toujours protégé par des énergies positives qui, bien entendu, auront des effets très favorables dans votre quotidien.

En utilisant toujours de façon positive ce pouvoir de la responsabilité, vous ne prendrez plus à cœur les situations difficiles. Vous les accepterez et les surmonterez. De plus, vous ne retirerez que du positif de toutes ces expériences. Ainsi, plus aucun problème ne vous atteindra et vous continuerez d'être toujours un esprit positif.

Utiliser son pouvoir de responsabilité signifie ne plus rejeter ses problèmes sur les autres, c'est également ne plus s'en vouloir et cesser de se faire du mal. C'est le pouvoir qui vous permet de déculpabiliser en faisant disparaître définitivement ce sentiment destructeur sans le transmettre aux autres. Cela vous apporte le bien-être et vous permet de le faire rayonner autour de vous. C'est enfin le pouvoir qui vous fait prendre conscience que l'on ne revient pas sur le passé et que l'on doit impérativement se concentrer sur nos objectifs et sur le temps présent.

Histoire vécue

Une cliente est venue me voir avec un très grand sentiment de mal-être. Il était même difficile de lui faire sortir la moindre parole durant les premiers instants de la séance de *coaching*. Une fois à l'aise, elle commença à m'expliquer la raison de sa venue. Elle me fit part d'une très grande dispute avec son fils qui depuis ne voulait plus lui parler. Elle trouvait son attitude totalement injuste et refusait de faire le premier pas pour lui parler. D'un autre côté, elle souffrait terriblement de cette distance entre eux malgré le fait qu'ils vivaient sous le même toit. Très vite, je m'aperçus que cette dispute était avant tout une bataille d'égo. Chacun possédait un caractère fort et la mère reprochait à son fils son incapacité à se débrouiller tout seul. Elle ne comprenait pas qu'il puisse ne pas se prendre en main alors qu'il avait atteint l'âge adulte. Quant au fils, il n'acceptait pas ces remarques et il lui faisait le reproche de ne jamais l'avoir laissé souffler, d'avoir toujours été sur son dos. En discutant longuement, elle admit finalement que si son fils agissait ainsi, c'était principalement dû au fait que, durant son enfance et son adolescence, elle l'avait trop surveillé et s'était pliée à ses moindres désirs. Elle n'avait pas utilisé son pouvoir de responsabilité en n'acceptant pas l'idée qu'elle puisse être au moins en partie responsable de cette situation. Le fils, de son côté, n'avait pas non plus mis en application ce pouvoir, car il rejetait toutes les fautes de son comportement sur l'éducation que sa mère lui avait donnée. Aucun des deux ne voulait endosser le rôle du fautif, alors qu'en réalité, chacun avait sa part de responsabilité. Suite au *coaching*, elle put entamer une discussion à cœur ouvert avec son fils en lui expliquant ce qu'elle avait appris et compris. Ainsi, ils purent chacun se mettre à la place de l'autre, comprendre leurs responsabilités communes, arrêter d'en vouloir à l'autre et surtout, ne pas culpabiliser à l'idée d'avoir si longtemps nié l'évidence. Tout cela appartenait au passé et il fallait désormais se concentrer sur les solutions.

Que votre pouvoir de la responsabilité devienne créateur

Cessez d'en vouloir aux autres pour les préjudices qu'ils ont pu vous causer et arrêtez de vous faire du mal en culpabilisant si votre comportement a pu vous apporter de mauvais retours. Prenez conscience de vos erreurs de façon positive et, de la même manière, acceptez les fautes des autres en vous disant qu'elles peuvent soit vous être utiles ou leur être profitables. Dans certaines situations, chacun en retirera un enseignement important. Dans tous les cas, vous parviendrez à toujours voir l'aspect positif d'un problème, d'une attaque ou d'une injustice.

En arrêtant de penser à vos erreurs, vous cesserez de leur donner de l'importance et pourrez vous concentrer sur ce qui est vraiment essentiel : vos bons objectifs. Vous ne vous sentirez plus victime et vous retrouverez confiance en vous-même et en votre destin.

13. L'ABONDANCE

Abondance de biens ne nuit pas.
PROVERBE

Pouvoir de l'abondance

À l'opposé de ce pouvoir, il y a le manque, ce sentiment très négatif qui a pour effet de créer des situations très difficiles. En effet, plus vous avez peur de manquer d'argent, d'amour, de bien-être, plus vous en manquerez car vous ne vous concentrez que sur cette pensée et immanquablement, elle se concrétise.

Il est donc nettement préférable et profitable d'utiliser le pouvoir de l'abondance.

Grâce à lui, vous manifesterez l'abondance dans votre vie et cela vous apportera tout ce dont vous avez besoin et tout ce que vous souhaitez, quel que soit le domaine de votre vie.

Ce pouvoir, bien que très important, est trop souvent ignoré.

Les gens se disent trop facilement qu'il ne suffit pas

de vouloir pour obtenir ce qu'ils désirent et ils ont tort comme vous avez pu le comprendre depuis le début de ce livre. Il est vrai que cela peut parfois prendre un peu de temps avant qu'une pensée se matérialise (tout dépend en réalité de notre pouvoir de confiance), mais si on la conserve sans changer d'avis, elle ne peut que se réaliser, c'est la loi de l'attraction, cette loi de l'Univers contre qui personne ne peut agir.

Le pouvoir de l'abondance crée une sensation rassurante et confortable, il vous permet non seulement d'augmenter la force de vos pensées, mais il est aussi en mesure de développer votre pouvoir de confiance. Il est un amplificateur de chance et de bonheur incroyable.

Comme pour les autres pouvoirs, il est important de le cultiver et de ne pas laisser le pouvoir négatif du manque et du doute venir tout gâcher en chassant vos pensées positives.

Il faut toujours garder le cap, surtout lorsque vous vous retrouvez dans le manque. Ne vous laissez jamais envahir par la peur de manquer, dites-vous qu'il ne s'agit que d'un moment précis qui appartiendra bientôt au passé et duquel vous ressortirez grandi. Songez toujours que, même si vous connaissez une difficulté, l'abondance est toujours présente et qu'il vous suffit de la vouloir pour la recevoir.

Imaginez qu'il existe une immense corne d'abondance dans l'Univers dans laquelle vous êtes autorisé à venir piger tout ce dont vous avez besoin et de manière illimitée. Dites-vous que si vous ne la voyez pas ou que vous avez cessé de la voir, c'est tout simplement parce que vous avez fermé les yeux. C'est vous qui l'avez faite disparaître momentanément car en réalité, elle est toujours présente. C'est l'Univers qui a créé cette corne d'abondance et ce que crée l'Univers, personne ne peut le détruire.

Histoire vécue

Je me souviens d'une cliente qui souhaitait déménager, mais qui était démoralisée par ses recherches de logements à cause des prix de l'immobilier qui ne lui permettaient pas a priori d'habiter dans la ville de son choix. Les loyers y étaient en effet plus élevés que là où elle vivait. Elle ne pensait pas pouvoir trouver quelque chose qui lui conviendrait avec ses revenus.

Je lui fis comprendre que si elle souhaitait réellement vivre dans ce lieu, elle devait probablement pouvoir y faire quelque chose.

Les séances de *coaching* que je lui ai dispensées ont eu pour but de lui faire utiliser son pouvoir de l'abondance.

Petit à petit, elle accepta l'idée que l'Univers trouverait bien une solution pour lui permettre de déménager dans l'endroit de ses rêves.

Deux mois après, elle reçut une proposition professionnelle totalement inattendue (elle ne cherchait pas à changer d'emploi) et qui lui permettait d'augmenter ses revenus de plusieurs centaines d'euros. Grâce à cela, son budget locatif a été revu à la hausse et lui a permis de trouver un logement là où elle le souhaitait depuis le début.

Que votre pouvoir de l'abondance devienne créateur

Vous devez en toutes circonstances utiliser votre pouvoir de l'abondance et faire confiance à l'Univers pour vous donner tout ce dont vous avez besoin. Ne vous laissez jamais envahir par la peur du manque. Fixez-vous des objectifs, même si ceux-ci vous paraissent impossibles à réaliser et croyez en eux. Ils se réaliseront assurément et plus vous mettrez de confiance en eux, plus cela se fera rapidement. Ne vous découragez pas devant les difficultés et gardez à l'esprit que rien n'est jamais figé. Si vos pensées deviennent négatives, rien ne pourra s'arranger, mais si vous conservez votre positivité, les solutions se présenteront d'elles-mêmes.

Un bon moyen d'utiliser ce pouvoir est de faire régulièrement des chèques d'abondance. Ces chèques symbolisent ce que vous pensez mériter de recevoir de la part de l'Univers. Si vous mettez suffisamment de confiance dans votre demande et si vous vous estimez réellement méritant, vous le recevrez inéluctablement.

Certains vont s'attribuer une grande valeur, d'autre moins, l'important n'est pas de se fixer trop rapidement un objectif que vous ne croyez pas pouvoir atteindre, il est préférable, au contraire, d'augmenter petit à petit la valeur de ce que vous pensez mériter.

Pour cela, vous pouvez dessiner un chèque ou écrire sur un simple papier le montant que vous souhaitez (ou l'objet de vos désirs) et de l'adresser à l'Univers. Vous pouvez par exemple, indiquer que le chèque est celui de la Banque de l'Univers et émettez-le à votre Ordre. Vous n'êtes pas obligé d'écrire une date, mais si vous le faites, vous pouvez mettre l'échéance à laquelle vous souhaitez voir se réaliser votre souhait.

Vous pouvez renouvelez ce chèque chaque mois, chaque trimestre ou chaque année, à votre convenance.

Pour voir un exemple de chèque de l'abondance, visitez mon site internet :

www.kheops-energie.com

14. La générosité

Peu importe le regard que les autres posent sur vous, si vous vous employez à être bon, généreux, altruiste et compatissant. Conscient que vous faites au mieux de vos possibilités, aucun échec ne pourra perturber votre sérénité intérieure. Et vous ne remettrez plus constamment vos objectifs en question.

Dalaï-Lama

Pouvoir de la générosité

Il s'agit-là d'un très beau pouvoir car c'est celui du partage. Vous pouvez transmettre votre savoir, vos expériences, vos émotions, mais cela doit toujours se faire en utilisant le pouvoir de la générosité.

Il n'est jamais bon de partager de mauvaises pensées car, comme je vous l'ai déjà expliqué précédemment, on ne fait de bien ni à soi ni aux autres.

Par contre, lorsque l'on transmet de bonnes pensées, de bonnes émotions ou de bonnes actions, cela devient véritablement constructif. Le pouvoir de la générosité est une action très positive. On arrive ainsi à redonner le sourire à ceux qui l'avaient perdu et à aider les autres à cultiver leurs bonnes énergies.

Dans un registre plus matériel, lorsqu'on a beaucoup reçu de la vie, il est bon de savoir donner en retour à ceux qui ont eu moins de chance. Cela leur permettra de progresser, tout comme vous. Vous aurez fait une bonne action et en plus, un peu grâce à vous, il y aura désormais une nouvelle personne positive dans le monde qui pourra à son tour partager ses pensées positives avec les autres. Ce cercle vertueux peut ainsi s'étendre et vous serez un des maillons de cette belle chaîne de personnes qui prennent leur destin en main, conscientes de leurs pouvoirs créateurs.

Une tradition du développement personnel veut que l'on conseille aux gens qui évoluent, et qui en récoltent les fruits financièrement, de reverser 10 % de leurs bénéfices à une association, une entreprise, un projet ou des personnes qui en ont besoin.

C'est une manière de se souvenir que nous n'avons pas toujours été chanceux (ou maître de notre destin et vivre nos rêves), une façon d'être reconnaissant envers la vie et de permettre à d'autres de concrétiser leurs propres rêves. Comme il s'agit d'une action très positive, il est naturel que l'on profitera encore de cette belle action par des évènements tout aussi positifs dans notre vie.

C'est un peu comme un investissement. Vous pouvez recevoir plus d'argent car vous savez vous montrer généreux ou avoir plus d'échanges humains selon votre vrai besoin intérieur. Cet investissement est autant utile pour vous-même que pour les autres et chacun en récoltera les fruits.

D'autre part, le fait de donner un peu de ce que l'on a reçu nous montre et nous prouve qu'on n'a pas la crainte de manquer d'argent, cette crainte paralysante et destructrice comme je vous l'ai démontré dans le chapitre précédent. En donnant, on fait preuve de confiance en l'avenir ainsi que dans notre capacité à continuer d'orienter positivement nos pensées et de cultiver cet état d'esprit optimiste.

En ce qui me concerne, je ne donne pas de conseil particulier sur un pourcentage à donner aux autres, chacun fait comme il le ressent. Il faut d'ailleurs toujours veiller à ce que chaque don que nous faisons soit réalisé de façon positive et qu'il ne provoque jamais en nous une peur du manque. Certains donneront facilement 10 % ou plus de leurs bénéfices alors que pour d'autres, il ne sera pas possible de donner plus de 5 %. Il ne faut pas avoir le sentiment d'être obligé de se dépouiller pour donner aux autres.

Ceux qui reçoivent doivent se montrer reconnaissants et ne pas se comporter comme si tout leur était dû.

Il faut toujours ressentir que nous méritons ce que nous recevons, que nos actions, nos pensées, nos émotions, nous ont permis d'obtenir ce que nous avons reçu.

Ainsi, nous continuerons de mener des actions positives alors que, si nous n'avons pas l'impression de mériter ce que nous avons, nous ne verrons pas l'utilité de bien agir. On pourrait même dire que quiconque donne tout ce qu'il possède, sans attendre que ceux qui reçoivent montrent une certaine reconnaissance (non pas forcément envers lui-même, mais essentiellement envers la vie pour leur avoir donné des solutions), ne fait pas forcément une bonne action. Il se donne la satisfaction d'avoir fait une bonne action, mais en ne se préoccupant pas des conséquences de ce don.

Quant à ceux qui reçoivent, s'ils ne changent pas leurs mauvaises pensées ou habitudes, il est évident que leurs énergies négatives provoqueront toujours des situations difficiles dans leur vie et ils perdront bêtement les dons qui leur ont été faits.

Donner 10 % de vos bénéfices constitue une bonne action, si cela vous convient, mais il existe bien d'autres façons de donner. Vous pouvez donner de l'attention, de l'amour, de la compassion, du temps, etc. Le don peut prendre différentes formes qui ne sont pas moins valables que le don financier.

Il est important de donner sans se sentir dépouillé (craindre de manquer plus tard), de garder à l'esprit la valeur de ce que l'on offre et de s'assurer que les personnes sauront en faire bon usage. Il faut que le don puisse éveiller leur capacité de faire évoluer leur vie. Si malgré ces précautions vous donnez à quelqu'un ou à une association qui n'utilise pas à bon escient votre don, dites-vous que vous avez fait ce qu'il fallait en toute vigilance, mais que chacun conserve toujours son libre arbitre. La solution est de ne plus donner à cette personne ou à cette association et d'en chercher une autre plus méritante.

Souvenez-vous que la générosité ne signifie pas de faire le travail à la place des autres, mais de se donner les moyens de leur prouver qu'ils peuvent atteindre leurs objectifs grâce à leurs mérites. Dans ce cas, votre aide devient un coup de pouce qui leur permettra d'être indépendants. Cela leur évitera d'être obligés de redemander de l'aide à quelqu'un d'autre et de se sentir valorisés. Vous aurez alors accompli une très belle et généreuse action.

Il faut garder à l'esprit qu'il existe (et a toujours existé) des êtres d'une générosité exceptionnelle que certains voudraient imiter. Ces personnes sont sur Terre uniquement pour donner aux autres tout ce qu'ils ont à donner. Je pense à Mère Térésa, au Dalaï-Lama... Avant de vouloir suivre leur exemple, il faut se souvenir que leur mission est d'être un canal entre le ciel et la Terre, entre l'Univers et les hommes, et que de ce fait, leur vie n'est pas comme celle des autres. La vie est ce que l'on pourrait qualifier de « dématérialisée ». Ils n'ont besoin de rien de matériel. Il ne faut donc pas attendre d'une telle vie une réussite professionnelle, financière, amoureuse, familiale… Il n'y a pas de place pour tout cela dans leurs vies. Leur vie personnelle est sacrifiée au service de l'Humanité.

Il est évident que ce n'est pas le cas de tout le monde. En tant qu'homme ou femme, nous avons légitimement l'envie et le besoin de construire ces domaines de notre vie.

Tout le monde ne peut donc pas avoir un pouvoir de générosité aussi important, sans quoi il devra accepter le sacrifice des autres bonheurs de sa vie. Il est merveilleux d'avoir ces êtres pour nous aider et nous guider, mais il faut comprendre que notre but n'est pas de les imiter aveuglément. Inspirons-nous de leurs enseignements pour agir selon nos possibilités. (Voir le chapitre *Pouvoir du juste milieu*).

Chacun doit trouver sa façon d'utiliser le pouvoir de

la générosité, la manière qui lui convient le mieux, qui ne lui donne pas de sentiment de frustration, et surtout, pour lequel il n'attend rien en retour sauf de cultiver ses énergies positives (ce qui en soit constitue la plus belle des récompenses).

Histoire vécue

Un de mes clients, chef d'entreprise, est venu me consulter en séance de *coaching* pour « rebooster » ses finances. Il m'expliqua avoir gagné de très grosses sommes d'argent et avoir beaucoup dépensé. En lui demandant quelles ont été ses dépenses principales, je m'aperçus rapidement qu'il s'agissait de choses futiles. Il avait également augmenté de façon substantielle les salaires de ses collaborateurs les plus proches et associés. Il avait l'impression d'avoir été juste et généreux. En réalité, il n'en était rien puisque ses collaborateurs et associés, comme lui, se sont contentés de dépenser tout ce qu'ils recevaient en fêtes et mondanités. À côté de cela, les employés de sa société qui avaient permis sa réussite financière n'avaient obtenu que de très petites augmentations. Je lui conseillai de se sacrifier, ainsi que ses collaborateurs et associés, durant quelques mois pour donner plus à ceux qui le méritaient vraiment, ses meilleurs employés. Je lui expliquai également qu'il ne devait pas se sentir frustré de ne plus pouvoir organiser de soirées festives et coûteuses, qu'il devait juste se consacrer à sa réussite. En très peu de temps, la situation s'améliora et il put augmenter ses revenus. Mais sa plus belle récompense fût aussi la plus inattendue, car même s'il n'avait plus tout à fait les mêmes revenus – il lui manquait environ 15 % –, il rencontra une femme dont il tomba amoureux. Elle le connaissait depuis un certains temps, mais le trouvait trop superficiel. Elle considérait que sa vie festive et dissolue n'avait rien pour la rassurer. Les difficultés financières lui avaient permis de changer ses habitudes et, grâce à cela, de rencontrer l'amour. Depuis, il vit heureux avec cette personne et, mieux encore, ses revenus ont dépassé ses attentes.

Que votre pouvoir de générosité devienne créateur

La vraie générosité consiste à donner aux autres ce qui ne nous manquera pas, tout en s'assurant qu'ils sont *a priori* méritants. Il ne faut rien attendre en retour. Et ce n'est pas parce que vous donnez de l'argent que vous recevrez de l'argent.

Le retour se fera toujours selon ce qui vous est utile et ce qui vous manque. Bien entendu, en utilisant correctement ce pouvoir de la générosité, vous cultivez vos énergies positives et cela vous permet de conserver votre confort et même de l'amplifier.

Être généreux envers les autres, c'est également l'être envers soi.

15. La satisfaction

Choisissez un travail que vous aimez
et vous n'aurez pas à travailler
un seul jour de votre vie.
Confucius

Pouvoir de la satisfaction

Ne pas se comparer aux autres et se concentrer sur nos réussites sont les objectifs principaux de ce pouvoir. Trop souvent les gens font des comparaisons entre leur situation et celles de leurs voisins et cela provoque de l'envie, voire même de la jalousie. Ces sentiments sont particulièrement négatifs et vous empêchent de progresser.

Il est nettement préférable de prendre exemple sur ceux qui réussissent. La différence entre prendre exemple et se comparer aux autres est que vous allez, dans le premier cas, vous concentrer uniquement sur les aspects positifs qui ont permis à vos exemples de réussir, alors que dans le second, vous essaierez de mettre en évidence les raisons pour lesquelles vous pensez qu'ils ne méritent pas ce qu'ils ont.

Songez que ce n'est jamais à vous de juger si quelqu'un mérite ou non ce qu'il possède. En envoyant de bonnes énergies, de bonnes choses arriveront irrémédiablement dans notre vie alors qu'en envoyant des énergies négatives, elles disparaîtront progressivement.

Si vous jugez quelqu'un en vous disant qu'il ne devrait pas avoir autant d'argent, cela ne vous en donnera pas plus, et surtout, comme il s'agit de pensées négatives, c'est vous qui en subirez les conséquences. Apprenez à vous réjouir pour ceux qui obtiennent ce qu'ils veulent de façon honnête et prenez exemple sur eux en vous disant que vous pouvez en faire autant.

Il est également important d'utiliser le pouvoir de la satisfaction pour se montrer reconnaissant de ce que vous avez vous-même déjà reçu. Peut-être avez-vous le sentiment que ce n'est pas assez, que votre situation n'est décidément pas bonne ? N'oubliez pas qu'il y a sans doute dans le monde quelqu'un qui trouverait peut-être votre situation plus enviable que la sienne. Et si malgré cela, vous ne trouvez pas la force de vous réjouir, utilisez le pouvoir de la satisfaction pour vous dire que les difficultés que vous avez eues à traverser sont des expériences qui vous permettent désormais d'aller de l'avant et que le meilleur est à venir. Soyez heureux d'avoir compris que vos difficultés s'arrêtent maintenant, car grâce aux connaissances que vous avez acquises dans ce livre, vous commencez à positiver vos pensées et ne tarderez pas à récolter les fruits de vos bonnes énergies.

Histoire vécue

Une cliente est venue me voir pour me confier qu'elle n'avait pas connu autant de réussite que sa sœur. Elle reprochait à ses parents de ne pas leur avoir donné à toutes les deux les mêmes chances. Ils avaient, selon ses dires, mis beaucoup plus de confiance en sa sœur. Je lui demandai à quelle réussite elle faisait allusion. Elle me répondit que sa sœur avait fait des études de pharmacie et qu'elle gagnait très bien sa vie alors que ma cliente était restée femme au foyer. Elle avait élevé ses enfants alors que son mari était le seul à travailler et à rapporter un salaire tout à fait correct. En peu de temps, je lui fis remarquer que sa sœur, qui avait désormais plus de 50 ans, avait peut-être réussi sa vie professionnelle, mais elle était seule et sans enfant. Je lui demandai si elle échangeait sa vie contre la sienne, si elle accepterait l'idée de cette réussite professionnelle sans avoir de vie de couple ni de vie de famille. Elle me répondit que pour rien au monde elle ne souhaiterait se retrouver seule et sans enfant. En réalité, ses parents avaient mis une telle pression à sa sœur pour qu'elle fasse des études que, pour leur faire plaisir, elle ne s'était consacrée qu'à cela. Ma cliente aurait pu entreprendre elle aussi des études, mais elle y avait renoncé d'elle-même. La plus heureuse des deux, c'était elle puisqu'elle avait toujours été libre de ses choix. Elle repartit satisfaite de sa situation et comprit qu'elle ne devait plus jalouser sa sœur et se concentrer sur ses propres bonheurs.

Que votre pouvoir de satisfaction devienne créateur

Avoir toujours à l'esprit que vous pouvez parfaitement réussir comme les autres, ceci est positif, mais vous ne devez pas les envier et souhaiter leur retirer ce qu'ils ont. Il est impossible de construire sa vie sur le mérite des autres et encore moins par la jalousie.

Si quelqu'un a acquis des biens de façon malhonnête, prenez conscience que se sera à lui d'en assumer les conséquences, que la « loi de l'attraction » ne manquera pas de lui infliger, mais ce n'est pas à vous de vous en mêler. De plus, vous pourriez aussi vous tromper en vous disant que tant d'argent, de bonheur, de réussite est forcément malhonnête. Contentez-vous simplement de constater cette réussite et de vous dire que s'il y est arrivé c'est que vous pouvez y arriver également.

Vous ne devez jamais juger les gens pour ce qu'ils possèdent ou ce qu'ils sont. Chacun a sa propre évolution et doit comprendre les lois de l'Univers à son rythme. Acceptez l'idée que chacun a son propre niveau de conscience et de priorité.

Le pouvoir de satisfaction est la faculté de ne pas se mettre à la place des autres mais de respecter leur individualité. Ainsi, vous ne serez plus blessé par une réaction que vous jugez mauvaise, une réflexion ou un comportement qui vous déplaît.

Le pouvoir de satisfaction est la capacité de reconnaître que notre situation aurait pu être pire et de remercier la vie pour que cela ne soit pas le cas, et surtout, de continuer à vouloir mieux.

Lorsque vous vivez une situation difficile, il vous est généralement compliqué de vous dire que ce n'est rien et pourtant, vous devez toujours relativiser et dédramatiser les évènements. Cela ne signifie pas que vous baissiez les bras, au contraire, c'est l'insatisfaction qui vous fait abandonner alors que la satisfaction – qui est un pouvoir positif – vous permet d'aller de l'avant.

Si vous ne parvenez pas à vous satisfaire de votre situation actuelle, dites-vous que c'est passager et que les choses ne peuvent que s'améliorer, et ce sera le cas. Votre pouvoir de satisfaction doit toujours vous aider à voir les choses de manière positive.

16. La méditation

De la méditation naît la sagesse.
Bouddha

Pouvoir de la méditation

La méditation peut être passive ou active.
Dans le premier cas, vous prenez quelques instants pour vous détendre et laissez votre esprit faire apparaître des sensations, des images, des sons… Cela vous permet de savoir rapidement quelles sont vos pensées dominantes. Si vous êtes perturbé par quelque chose, il y a de très fortes chances pour que ces premières sensations fassent ressortir cette préoccupation. Cela vous donne ainsi la possibilité de procéder à un rapide « scan » de votre esprit. Cette analyse vous indique si vous êtes plutôt concentré sur la confiance ou sur des peurs.

Si vous êtes surtout envahi par des émotions négatives, ne vous inquiétez pas et dites-vous que ce ne sont que vos pensées et vos souvenirs. Vous avez la capacité de les changer. C'est même une chance de pouvoir les ressentir, car en les remplaçant par des énergies positives, vous parviendrez à améliorer votre vie. Cela explique vos blocages et ce qui vous a empêché d'obtenir de meilleurs résultats. Vous avez eu à affronter des difficultés et vous comprenez dès lors pourquoi.

En ayant conscience de ce qui nous tourmente, nous parvenons mieux à le supprimer. Vous savez désormais qu'en orientant vos pensées de façon différente, vous améliorerez votre vie. Généralement, en continuant de méditer ainsi, vous commencerez à nourrir de meilleures sensations : il s'agit justement de celles qui occupent moins de place dans votre esprit, car elles ne sont pas apparues en premier. Ce sont elles qu'il faut développer. Vous pourrez notamment le faire par la méditation active.

Si, au contraire, vos émotions vous envoient de très bonnes choses, dites-vous que le travail n'est jamais terminé et qu'il faut les cultiver pour ne pas qu'elles s'évanouissent.

Dans le deuxième cas, la méditation active consiste à se concentrer sur un sujet en particulier, que ce soit une image, une pensée, une odeur ou un son. Vous pouvez prendre le temps de vous y arrêter et de laisser vos pensées s'imprégner de l'émotion que cela vous procure.

Contrairement à ce que l'on pense, la méditation « consciente » ne se fait pas simplement lorsque l'on est assis en position du lotus et que l'on a fait au préalable le vide autour de soi. Dans ce cas, il s'agit bien d'une méditation, mais celle-ci se fait dans une totale détente. C'est celle que l'on conseille aux personnes qui souhaitent se recentrer et retrouver le contrôle de leurs pensées et émotions. Elle est très utile et de nombreuses études ont démontré son effet thérapeutique (que l'on peut parfaitement expliquer par la loi de l'attraction).

Mais, il existe également une autre forme de méditation plus « inconsciente » car tout le monde la pratique chaque jour dans son quotidien, sans même s'en rendre compte, et elle a bien évidemment des effets. Que vous lisiez, cuisiniez, écoutiez un morceau de musique ou discutiez d'un sujet avec quelqu'un, c'est toujours une forme de méditation, car vous concentrez votre esprit sur un sujet en particulier en vous laissant toucher par les sentiments et les émotions qu'il vous procure.

Histoire vécue

Une expérience que tout le monde peut vérifier, pour l'avoir déjà vécue. Vous prenez une recette et en suivant scrupuleusement les indications, vous parvenez à un résultat. Selon votre état d'esprit et votre taux de concentration, ou encore, selon la force de votre pouvoir de méditation, votre plat final aura un goût différent même si vous avez utilisé les mêmes ingrédients, respecté le même temps de cuisson, etc. C'est la raison pour laquelle on peut parfois réussir à merveille le gâteau que l'on aime et qu'on peut le rater un autre jour. Plus le cuisinier se concentre et met de l'amour dans ce qu'il fait par son pouvoir de la méditation, plus son plat sera délicieux. La moindre contrariété sera perceptible car il sera moins attentif à ce qu'il fait et ne mettra pas toutes les bonnes énergies propices à l'élaboration de son mets.

Que votre pouvoir de la méditation devienne créateur

Prenez un peu de temps chaque jour pour utiliser positivement votre pouvoir de la méditation. Concentrez-vous sur tout ce qui vous rend joyeux et imprégnez-vous de l'énergie positive que ces pensées dégagent.

Faites en sorte que ce que vous entreprenez soit toujours fait avec concentration. Sans concentration, rien ne peut jamais nous satisfaire totalement.

L'important est de faire des choses avec plaisir. Ainsi, nous n'avons aucune difficulté à nous concentrer et cette méditation « inconsciente » devient un enseignement extraordinaire.

Faites en sorte de vous accorder du temps pour méditer de façon consciente. De cette manière, vous pourrez transformer vos pensées. Choisissez un sujet qui vous plaît, relaxez-vous et absorbez toutes les énergies positives que vous apporte cette concentration. Vous remplirez ainsi votre esprit de belles images, de sons agréables, d'odeurs réconfortantes et d'émotions positives.

17. LE TEMPS PRÉSENT

Celui qui sait profiter du moment, c'est là l'homme avisé.

JOHANN WOLFGANG VON GOETHE

Pouvoir du temps présent

Le passé doit toujours être considéré comme validé. Il nous a permis de nous construire et, même si nous avons connu des épreuves, nous devons les mettre de côté et avancer. Les difficultés que nous avons rencontrées nous permettent d'en tirer une expérience utile et positive. Nous en sortons toujours grandi et plus fort. Nous ne devons jamais nourrir de regrets ou de la tristesse. Si c'est le cas, alors ne regardez pas en arrière, cela vous évitera de vous faire du mal inutilement. De la même manière, vous pouvez avoir de bons souvenirs, mais avoir peur de ne plus en connaître d'autres. Encore une fois, il peut être négatif de se pencher sur son passé.

De la même manière, certaines personnes ne font que penser au futur en s'imaginant que leur chemin sera jalonné de difficultés et d'autres, qu'il leur apportera une meilleure vie. Dans le premier cas, il est évident que cela ne donne pas envie d'avancer et/ou encore de vivre dans la crainte perpétuelle. Dans le second, on s'empêche de vivre sa vie et on ne voit pas les opportunités qui se présentent dans notre vie et cela peut même affecter de façon négative notre futur.

Vous l'aurez compris, il ne faut pas se complaire en regardant en arrière et ne pas non plus s'imaginer que seul le futur compte. En réalité, le présent doit être notre seule préoccupation. Le passé est révolu et le futur reste à déterminer selon les choix que nous faisons présentement.

Dites-vous que vous avez chaque jour les moyens de transformer votre avenir, mais pour cela, il faut se concentrer uniquement sur le présent.

Utiliser le pouvoir du temps présent, c'est accepter les expériences que l'on a vécues sans amertume et surtout, se rendre compte que l'on demeure maître de son destin. C'est choisir la manière dont on souhaite transformer notre vie. Ce pouvoir nous donne la possibilité d'accepter les difficultés en se disant qu'elles ne sont que passagères et de profiter pleinement des joies du quotidien en gardant à l'esprit qu'elles renforcent nos énergies positives.

Lorsqu'on a de la peine, qu'on est déprimé, c'est qu'on s'attarde trop sur le passé ou que l'on craint le futur. Si on se concentre sur le présent, on a les moyens de dédramatiser chacune des situations difficiles et de se servir des évènements positifs sachant qu'on souhaite revivre ces moment le plus souvent possible.

Histoire vécue

Au début de mon activité de voyant-astrologue, j'avais du mal à expliquer à mes clients le fonctionnement de mes prédictions. Pourquoi les évènements peuvent être décalés dans le temps, etc.

Aujourd'hui, grâce à mon activité de *coach* en développement personnel, je peux leur expliquer que le voyant possède la capacité de « scanner » l'esprit des gens et de faire la synthèse entre leurs pensées, actions et émotions passées et présentes. Ainsi se « dessine » l'avenir de la personne selon les principes de la loi de l'attraction. Cela signifie que la personne conserve toujours son libre arbitre, sauf pour son passé qui est figé. C'est la raison pour laquelle un bon voyant le capte très bien et peut modifier son avenir selon son désirs ou ses peurs.

La personne à qui on annonce une bonne nouvelle et qui soudain se sent envahie par le doute et la crainte pourra inconsciemment et au mieux retarder les évènements (si elle parvient à éliminer ses pensées négatives) et au pire, les annuler (si elle nourrit ses peurs).

Autrement, si on annonce une mauvaise nouvelle, la personne peut s'y résigner et probablement la subir, ou choisir de positiver et ainsi changer ses pensées pour améliorer son futur.

L'astrologue, quant à lui, détermine les émotions et pensées que les astres ont influencées et qui, à leur tour, influeront la vie de la personne. Le client demeure également libre de ne pas se laisser entièrement dominer par ces influences et peut minimiser leur impact. Si cela lui convient, il peut également optimiser le travail des astres. Par exemple, si les astres indiquent une journée chanceuse ou malchanceuse pour les jeux d'argent, la personne peut choisir ou non de jouer. Elle minimisera ses risques de perdre de l'argent ou optimisera ses chances de gagner selon le cas.

Il ne faut jamais perdre de vue que notre avenir nous appartient, que nous pouvons en faire ce que nous voulons. Aller voir un bon voyant, c'est pour nous permettre de savoir si nos pensées sont bien orientées ou non pour atteindre nos objectifs.

Il faut toujours garder à l'esprit que le pouvoir du temps présent nous offre la chance de déterminer notre avenir et que seul le passé est figé.

Que votre pouvoir du temps présent devienne créateur

Cessez de ressasser perpétuellement votre passé. Considérez vos expériences passées, bonnes ou mauvaises, comme étant validées. Dites-vous que vous avez fait de votre mieux et que maintenant, vous avez les moyens d'agir pour le mieux.

Ne croyez jamais que votre destin est figé, seul votre passé ne peut plus être retouché. Votre avenir, lui, est à construire chaque jour.

Réjouissez-vous d'avoir ce pouvoir qui vous donne la possibilité de changer, de ne pas vous tromper et de ne pas devoir éternellement en payer les conséquences.

Ne pensez pas à l'avenir en vous disant que vous aurez des problèmes, car vous favoriserez leur manifestation dans votre vie présente. De la même manière, n'attendez pas de l'avenir qu'il vous apporte toutes les solutions. C'est à vous de prendre les décisions qui vous permettront de créer la vie de vos rêves et ces décisions doivent être prises dès maintenant.

Ne repoussez pas à demain ce que vous pouvez faire aujourd'hui, car vous repousserez les opportunités et la chance de la même manière.

Maîtriser le pouvoir du temps présent, c'est maîtriser sa vie.

18. La synchronicité

Si, avec un mental pur, quelqu'un parle ou agit,
alors le bonheur le suit comme l'ombre qui jamais ne le quitte.

Bouddha Sakyamuni

Pouvoir de la synchronicité

Utiliser le pouvoir de la synchronicité signifie être attentif aux signes que nous pouvons recevoir et qui nous permettent de savoir si nous sommes sur le bon chemin pour atteindre nos objectifs.

Vous avez sans doute déjà fait l'expérience de penser à quelque chose et d'allumer la télévision en constatant que l'image que vous voyez correspond à ce que vous pensiez ou encore, de penser à quelqu'un et qu'une autre personne vous en parle.

Ce pouvoir utilise la télépathie pour attirer à vous l'objet de vos pensées, de quelque manière que se soit.

Lorsqu'on a des pensées négatives, la loi de l'attraction va évidemment nous les renvoyer. Il s'agira d'une synchronicité négative. Par contre, vous pouvez délibérément, lorsque vos pensées sont bonnes, demander à l'Univers de recevoir des signes positifs qui vous permettront de savoir quand vous vous rapprochez de votre but. Tel un détecteur de métaux qui émet un son pour prévenir son utilisateur de la présence d'un objet métallique, vous pouvez utiliser votre pouvoir de la synchronicité pour vous encourager à poursuivre vos souhaits ou à être vigilent devant certaines situations.

En plus de la télépathie, ce pouvoir fait appel à notre intuition et c'est à vous de déterminer les signes que vous souhaitez recevoir pour pouvoir en avoir la maîtrise.

Ne cherchez pas à voir des signes à tout prix, tout le temps et partout, cela deviendrait superstition et un pouvoir négatif car il engendre la peur, la crainte ou le doute.

Le pouvoir de la synchronicité peut être un allié utile quand on sait l'utiliser.

Certains seront instinctivement attirés et pourront interpréter une série de chiffre, un symbole, etc. Cela dépendra de leur culture et de leur vécu. D'autres pourront choisir de se concentrer sur quelque chose en particulier qu'ils pourront ensuite interpréter.

Histoire vécue

Une de mes amies avait un attrait particulier pour la civilisation des Indiens d'Amérique. Elle avait remarqué qu'à chaque fois qu'elle devait prendre une décision importante et faire un choix, que si, dans les minutes qui suivaient, elle voyait quelque chose ayant un rapport avec un aigle, elle pouvait avoir confiance en son choix.

Un jour, elle me dit qu'elle devait déménager et choisir

de changer ou non de ville. Cela l'ennuyait, mais en même temps, elle avait envie de voir de nouvelles choses. Elle se demandait si c'était une bonne décision et si elle arriverait à s'adapter à ce changement. Elle me dit que pour le moment, son choix se portait sur une autre ville. Au même moment, quelqu'un alluma la télévision et une image d'aigle apparu très rapidement sur une publicité. Notre regard à tous les deux fut attiré par cet oiseau : elle avait eu sa réponse. Elle déménagea dans une autre ville et tout se passa pour le mieux. Il est à noter que ce n'est pas l'apparition de l'aigle qui l'a forcée à prendre sa décision et qu'elle restait, bien entendu, totalement maître de son destin, mais cela l'a réconfortée dans l'idée que tout irait pour le mieux. De plus, ce type d'image n'apparaissait pas à chacune des décisions qu'elle devait prendre. L'aigle n'apparaissait que dans certaines conditions, et toujours après qu'elle eut pris sa décision.

Que votre pouvoir de la synchronicité devienne créateur

Sachez être attentif aux signes qui parfois peuvent vous montrer que vos pensées sont bonnes ou mauvaises. Dites-vous que vous êtes maître de vos pensées et que, par conséquent, c'est vous qui avez donné l'ordre à votre cerveau d'obtenir un signe. S'il se présente, il devient confirmation.

Par contre, ne prêtez pas attention à la synchronicité lorsque vos pensées sont négatives car elle vous tromperait et vous emmènerait vers des évènements négatifs.

Vous pouvez faire attention à ces petits signes, mais vous ne devez pas les rechercher absolument. Il faut prendre du recul et s'ils se manifestent, considérez-les comme un enseignement.

Concernant l'amie dont j'ai évoqué l'exemple, il ne faut pas croire que si elle avait choisi de ne pas faire attention à ce signe et qu'elle avait changé d'avis en restant dans sa ville, elle aurait connu des difficultés. Ce signe était simplement là pour la rassurer. Son choix était fait et son cœur balançait pour une autre ville. Comme toujours, l'hésitation induit l'inertie et cela n'est pas bon pour la personne. Ce signe lui a simplement donné le signal qu'elle devait maintenant s'arrêter sur un choix, quel qu'il soit.

Si votre esprit est dominé par des pensées positives, votre pouvoir de la synchronicité ne pourra que vous aider naturellement à faire la part des choses et à prendre vos décisions pour vous-même, avec les meilleurs objectifs.

19. L'OBSERVATION

La meilleure éducation au monde,
c'est de regarder les maîtres à l'œuvre.
MICHAEL JACKSON

Pouvoir de l'observation

Voici un pouvoir qui vous a permis de devenir la personne que vous êtes au moment où vous lisez ces quelques lignes. Le pouvoir de l'observation nous donne la possibilité de capter ce qui nous intéresse. Ce pouvoir utilise nos cinq sens de façon tout à fait naturelle.

Il y a bien entendu un revers négatif à ce pouvoir : une mauvaise observation, celle qui consiste à ne garder en mémoire que les choses difficiles, les obstacles ou les erreurs que nous avons pu vivre ou dont nous avons été témoins.

Il y a bien entendu des situations ou des évènements dont on peut être témoin sans pour autant le souhaiter. Cela peut provoquer un choc ou une peur, mais vous avez le pouvoir de vous concentrer ou non sur cette observation. Par exemple, vous avez sans doute déjà remarqué que lorsqu'un évènement brutal surgit (accident, malaise…), les gens autour de vous adoptent différentes attitudes :

1- Ceux qui sont aptes à porter secours et qui vont apporter une attention positive à la situation par leur aide.

2- Ceux qui n'ont pas les capacités d'aider et qui, une fois la surprise passée et la situation prise en main par une personne qualifiée, vont reprendre leurs activités et se concentrer sur d'autres choses.

3- Ceux qui ne peuvent apporter une aide quelconque mais qui, par curiosité, vont s'attarder sur la scène en scrutant les moindres détails. Cette attitude n'est évidemment pas méchante, mais elle n'est en rien utile ni pour eux ni pour la situation, car ils ne peuvent rien faire pour améliorer quoi que se soit. Ils laisseront leur esprit s'imprégner des moindres détails négatifs de cet évènement et orienteront ainsi leurs pensées de manière négative.

Il faut donc retenir que vous pouvez être confronté à des situations déplaisantes, non désirées, et vous pouvez dans ce cas choisir délibérément de vous y attarder ou non. Si vous possédez les capacités pour aider, il est de votre devoir de le faire et cela n'aura que des effets positifs. Par contre, si votre concentration n'est due qu'à la curiosité et que la scène est négative, dites-vous bien que votre esprit la gardera en mémoire. Choisissez plutôt de concentrer votre curiosité sur des choses utiles et constructives.

En plus de ces situations non désirées, vous devez avoir conscience que vous avez également la capacité de provoquer des situations d'observations positives. Cela vous permettra de ne pas être déstabilisé par des évènements moins favorables. Vous aurez ainsi rempli votre esprit d'un maximum d'observations bénéfiques et, comme nous l'avons vu au chapitre de la pensée, l'esprit est dominé par les informations les plus nombreuses. Vous vous assurez donc de privilégier les observations positives majoritaires dans votre esprit.

Ces observations désirées peuvent être favorisées par la musique, les livres, les films, etc. Tout ce qui met vos sens en éveil et sur quoi vous pouvez choisir ou non de vous concentrer. Une personne qui choisit exclusivement de regarder des films d'horreur imprègne son esprit d'une observation dominante de peur. Immanquablement, ses images vont diriger son esprit (ses pensées et ses émotions) et cela aura pour effet de la rendre particulièrement vulnérable à ce sentiment de peur. Comme nous l'avons déjà vu à plusieurs reprises, le fait d'être dominé par la peur provoquera dans sa vie des évènements qui pourront lui permettre de revivre en permanence cette sensation. Un bon choix d'observations désirées vous permettra d'assurer à votre esprit des émotions équivalentes.

À l'école, c'est ce pouvoir qui permet aux enfants d'apprendre leur leçon. Chez ceux qui ne retiennent pas, c'est simplement que leur pouvoir de l'attention est dirigé sur autre chose : les pitreries d'un camarade, regarder à l'extérieur par les fenêtres de la classe ou simplement la rêverie. L'enfant studieux est en réalité un enfant qui utilise son pouvoir de l'observation avec la volonté d'enregistrer les cours qui lui sont prodigués. C'est aussi la raison pour laquelle il est important que le professeur sache donner à ses élèves l'envie d'écouter ses cours.

Michael Jackson disait « La meilleure éducation, c'est de regarder les maîtres à l'œuvre ». Il était assurément l'un de ces maîtres, bien que par modestie, il ne se désignait pas ainsi. Cette phrase illustre sa pleine connaissance des lois de l'Univers et nous devrions tous suivre ce précepte dans notre vie de tous les jours.

Si vous observez quelque chose qui peut avoir un résultat négatif pour vous, évitez de l'enregistrer. Apprenez à observer ce qui peut vous sembler utile, sélectionnez les éléments qui vous sembleront les plus propices à vous apporter le succès. Au départ, il vous paraîtra peut-être difficile de ne conserver en mémoire que ce qui vous intéresse, mais en conservant vos pensées et énergies positives, vous rencontrerez principalement des évènements de même nature. Celui qui concentre son observation sur quelque chose de négatif, ou qui lui fait peur, se retrouvera sans cesse confronté à la même chose, alors que celui qui préfère porter son attention sur ce qui lui plaît verra naturellement arriver vers lui ce qui se rapporte à ses plaisirs.

Histoire vécue

Un jour, une cliente est venue m'expliquer que sa fille n'était vraiment pas douée pour les études et, visiblement, elle était très fâchée de devoir s'acquitter de frais de scolarité pour aucun résultat au final. En discutant avec elle, je m'aperçus qu'en réalité sa fille n'avait pas choisi l'école qu'elle souhaitait fréquenter. Ses parents voulait qu'elle suive des études scientifiques car elle avait de bons résultats dans ce domaine et ils pensaient qu'il y avait de bons débouchés dans ce domaine, alors que leur fille souhaitait se diriger vers des études littéraires. Comme elle obtenait de bons résultats dans les deux domaines, les parents avaient alors tranché pour ce qui leur paraissait être le mieux pour son avenir.

Leur fille voulait arrêter ses études scientifiques pour choisir enfin le domaine qui lui plaisait. Sa mère s'y opposait fermement en arguant le fait que ses notes avaient chutées, qu'elle devait au contraire persévérer et qu'elle arriverait peut-être à retrouver une bonne moyenne. Cette mère ne se rendait pas compte qu'en ayant imposé son choix à sa fille – qui était effectivement douée pour les sciences et les mathématiques – elle l'avait amenée à se braquer et à ne plus être attentive à ses cours. Suivant mes conseils, la mère accepta de laisser sa fille changer de voie et elle fut très surprise de voir que toutes ses notes atteignirent des sommets, même en maths. Cette mère pensait que sa fille était totalement démotivée ou qu'elle n'était plus au niveau alors qu'en réalité, elle avait simplement changé l'orientation de son pouvoir de l'observation. Sa fille était douée pour les deux domaines, mais seule la filière littéraire lui donnait envie de se concentrer pour apprendre.

Que votre pouvoir de l'observation devienne créateur

Concentrez-vous principalement sur ce qui peut vous permettre d'atteindre vos objectifs. Cela ne signifie pas forcément qu'il faille se désintéresser du reste.

Gardez toujours à l'esprit que votre observation doit toujours être alerte et que vous pouvez parfois enregistrer une information à votre insu. Pour éviter de garder en mémoire de mauvaises choses, évitez de vous mettre en position d'y porter attention.

Choisissez bien vos films, musiques et lectures car elles influencent vos pensées. Cela ne signifie pas que vous ne puissiez jamais regarder un film plus sombre, mais assurez-vous qu'il occupera dans votre esprit une toute petite place. Sachez être attentif aux proportions de votre observation. Ainsi, quelqu'un qui regarde un film d'horreur par mois, et le reste du temps des films comiques, sera évidemment plus influencé par les scènes drôles que par les images choquantes. Cette personne ne sera donc pas perturbée par le film d'horreur. *A contrario*, si l'on inverse les proportions, vous aurez vite compris que cela peut devenir très dérangeant. Il suffit simplement de savoir doser les choses pour ne pas être influencé de façon négative (voir le chapitre du *Juste milieu*).

Prenez chaque jour quelques instants pour observer les merveilles de la vie et de la nature. Cela vous permettra de reconnaître la beauté véritable en chaque chose et en chaque être. Cela vous rendra reconnaissant envers la vie. Cela vous mettra en joie et augmentera le nombre de vos pensées positives.

20. La parole

Les mots aimables peuvent être courts et faciles à prononcer,
mais leurs échos sont véritablement infinis.

Mère Teresa

Pouvoir de la parole

Les mots ont une certaine résonance et ils peuvent induire, de notre part, une certaine réceptivité. Une parole peut nous blesser, mais elle peut aussi nous émouvoir.

Il est donc très important de faire attention à la manière avec laquelle nous nous exprimons. Le pouvoir de la parole mal utilisé peut prendre la forme d'insultes ou de réprimandes envers les autres. Nous pouvons parfaitement choisir la manière dont nous préférons nous exprimer et lorsque nous parlons à quelqu'un de façon violente, il faut considérer que nous lui envoyons de mauvaises énergies. Si nous les envoyons, c'est que notre esprit les a créées et si c'est le cas, c'est que nos pensées sont de ce fait envahies principalement par ces énergies négatives. Dire du mal à quelqu'un équivaut à se faire du mal à soi-même.

Il arrive qu'ayant subi un affront, nous nous autorisons à répondre violemment à cette personne. Peut-être avons-nous été blessé ? Mais est-ce nécessaire de se faire encore plus de mal ? Doit-on répondre à l'agressivité par un même comportement qui amplifiera les tensions et chassera nos bonnes pensées pour les remplacer par d'autres de nature négative ? (Voir chapitre du *Pouvoir du respect et du détachement*).

Nous devons en toutes circonstances nous exprimer de la manière la plus positive qui soit, soit par les mots que l'on aura choisis ou le ton de préférence agréable.

Les mots en eux-mêmes n'ont pas de valeur, ils en acquièrent uniquement lorsqu'on leur donne un sens en les écrivant ou en les verbalisant. Par exemple, un mot négatif (insulte, mot violent, etc.) écrit dans une langue étrangère ne sera pas compris par tout le monde. Ainsi, quand vous écoutez une chanson dans une langue que vous ne pratiquez pas, vous serez influencé par l'énergie de la personne qui prononce les paroles ou celle qui les aura écrites. Si celles-ci ont une signification violente, elles vous en transmettront l'énergie. Par contre, vous avez le pouvoir de transformer leur valeur (de façon consciente ou non) et si vous les écoutez en pensant avec sincérité que ces paroles brutales sont en réalité joyeuses, leur vibration le deviendra aussi.

De la même manière, le ton employé est très important. Le même mot dit de façon très douce ou de manière agressive n'aura pas le même impact. C'est la raison pour laquelle je parle du pouvoir de la parole et non simplement des mots, car la parole est plus complète, elle comprend certes le sens de chaque mot, mais aussi l'intention avec laquelle il est verbalisé ou écrit.

Histoire vécue

Je me souviens d'une cliente qui était venue me voir parce qu'un collègue avait eu, selon elle, des mots déplacés à son égard. Elle m'expliqua qu'au cours d'une de leurs discussions, il l'avait qualifiée de « coquine ». Cette réflexion était anodine, mais à ses yeux, ce mot revêtait un sens particulièrement péjoratif, pareil à une insulte. En lui demandant plus de détails sur la discussion, je compris très vite que ce collègue n'avait absolument pas conscience que ce mot avait un impact aussi négatif dans l'esprit de son interlocutrice. Elle avait certes réagi de façon excessive à cette réflexion anodine, mais cela la renvoyait au sens qu'elle attribuait à ce mot dont le collègue ignorait tout. Elle avait d'ailleurs probablement mal interprété l'expression du visage et le ton de la voix de son collègue pour prendre cette remarque comme une attaque personnelle. Je lui conseillai alors de discuter avec celui-ci pour lui faire part du sens qu'elle accordait à ce mot et ainsi dissiper ses doutes. Elle revint me voir, soulagée par le fait de savoir qu'il ne voyait dans ce mot qu'un qualificatif banal et même gentil, plutôt que péjoratif comme elle le recevait. Elle comprit alors qu'il ne lui fallait pas prendre les choses de façon personnelle et que chacun ne comprend pas ce mot de la même manière. Son collègue, quant à lui, comprit sans doute qu'il devait utiliser ce mot avec précaution car il pouvait revêtir plusieurs sens selon le contexte et la manière dont il est utilisé.

Que votre pouvoir de la parole devienne créateur

Faites attention aux mots que vous utilisez et à la manière avec laquelle vous les mettez en valeur.

Mère Teresa refusa un jour de signer un document contre la guerre et elle déclara : « *Donnez-moi un document en faveur de la paix et je le signerai* ». Le document avait une vocation positive, mais donnait encore trop d'importance à ce mot négatif qu'est « guerre ». Elle suggérait, à juste titre, qu'on lui préfère le mot positif « paix ». Cela donnait encore plus d'énergie bénéfique à ce document.

Votre parole doit toujours être agréable et respectueuse envers les autres. Vous minimisez ainsi les risques de blesser quelqu'un ou de mal vous faire comprendre.

Choisissez de préférence les lectures et les chansons dont les textes vous paraissent positifs. Cela ne vous empêche pas de déroger parfois à la règle pour vous « dévergonder », mais cela doit toujours respecter le principe de proportion. Que les bons mots soient toujours plus nombreux que les mauvais !

Retenez que la vulgarité verbale est plus forte dans l'intention que dans les mots eux-mêmes. De la même manière, l'intensité négative dépend de la valeur que l'on donne personnellement à chaque mot. Pour certains, un mot peut correspondre à une insulte alors que pour d'autres, ce même mot devient plus positif, voire même un compliment. Dans une conversation, assurez-vous d'utiliser un ton et une posture gestuelle qui permettent à la personne en face de vous de ne pas interpréter vos paroles de façon négative.

En utilisant correctement le pouvoir de la parole, vous parviendrez à faire passer vos messages correctement et à transmettre vos bonnes énergies aux autres.

21. La patience

La patience est la plus grande des prières.
Bouddha Sakyamuni

Pouvoir de la patience

Ce pouvoir, pour beaucoup de gens, est très difficile à utiliser de façon naturelle. Nous avons trop l'habitude d'obtenir tout de suite ce que nous voulons ou ce que nous cherchons. Le monde semble être pris dans une course effrénée et permanente.

Le premier effet négatif de cette situation est que les gens ne vivent pas et n'apprécient pas suffisamment l'instant présent. Il est étrange de voir que plus l'espérance de vie s'allonge, plus notre soif de vitesse et d'impatience s'accentue.

Le monde s'affole et oublie d'être patient. Pourtant, la patience n'est pas synonyme d'inaction, bien au contraire. On croit que la patience ne nous apportera aucun résultat alors qu'il s'agit d'un pouvoir essentiel. Il nous donne la capacité de nous satisfaire de notre présent, sans regretter le passé et en ne considérant pas l'avenir comme seule solution à nos problèmes.

L'impatience est une énergie négative qui nous empêche de nous satisfaire et de profiter du moment que nous vivons, ou de l'enseignement que nous sommes en train d'acquérir. Plus vous vous montrez impatient d'obtenir quelque chose, plus il met du temps à s'accomplir. Cela est dû à votre perte de confiance qui en réalité transmute vos émotions en peur.

Que votre impatience soit liée à un apprentissage et vous vivrez alors le sentiment négatif de la peur de ne pas y parvenir. Que votre impatience soit celle d'atteindre un objectif le plus rapidement possible et vous aurez la crainte de l'obtenir lentement. Le résultat ne se fait pas attendre. Dans le premier cas, vous pourrez effectivement ne pas arriver à réussir votre apprentissage. Dans le second cas, votre impatience pourra, là encore, agir à contre sens de votre désir et ralentir l'atteinte de votre objectif.

Le pouvoir de la patience aura un effet inverse et, contrairement à ce que l'on pourrait croire, il vous permettra d'obtenir plus facilement et plus rapidement la réalisation de vos souhaits. Le pouvoir de la patience apporte un sentiment de confiance et de détachement. Vous n'émettez plus de sentiment de peur : vous savez pertinemment que vous parviendrez à vos fins et cela se fera comme vous le pensez.

Imaginez un enfant qui demande une glace à l'un de ses parents. S'il le fait avec un sentiment d'impatience, il va probablement se montrer pressant et agressif et le parent attendra probablement que son enfant se calme avant de la lui donner. Dans cet exemple, si l'enfant n'obtient pas ce qu'il veut, pour une raison ou une autre, il se sentira frustré et en colère.

Dans le cas contraire, si l'enfant se montre patient, il sera détendu et agréable, ce qui amènera le parent à lui donner sa glace. Si l'enfant n'obtient pas sa glace, il se dira simplement, dans son for intérieur, qu'il en aura une à un autre moment. Cet enfant pourra relativiser sa déception.

L'impatience crée un sentiment de colère et d'insatisfaction, même lorsque l'on obtient ce que l'on souhaite, car on estime toujours l'avoir reçu trop tard et on ne l'apprécie plus. Le pouvoir de la patience, quant à lui, permet de prendre en considération l'aspect positif de toute expérience, d'apprécier ce que l'on a et ce que l'on obtient. Il développe le sentiment très positif de la reconnaissance.

Histoire vécue

Un de mes clients est venu me voir pour me parler de ses difficultés à progresser professionnellement. Il voyait ses collègues évoluer, obtenir des postes plus intéressants que le sien et ne parvenait pas à grimper les échelons. Il nourrissait de la rancœur envers tous ceux qu'il connaissait dans son travail : ses collègues, pour l'avoir précédé à des emplois supérieurs au sien, ainsi qu'à ses chefs pour ne pas avoir repéré ses talents. Il était rentré dans sa société avec l'idée de dépasser tout le monde et atteindre les plus hauts objectifs. Il avait nourri ce désir avec une immense impatience et il était finalement l'un des derniers à rester au niveau auquel il était rentré dans cette entreprise.

Il fallait bien évidemment qu'il cesse de jalouser les autres (pouvoir du respect et du détachement) et il dût aussi travailler sur son impatience. Une fois cela achevé, il obtint rapidement l'avancement qu'il attendait depuis si longtemps, et même une opportunité encore meilleure dans une autre ville pour prendre des responsabilités auxquelles il n'avait même pas osé prétendre. Grâce au pouvoir de la patience, il put se concentrer sur son travail quotidien et être reconnu pour son sérieux au point tel qu'on lui offrit de diriger une équipe de plusieurs personnes qui étaient à son ancien niveau de poste. Il avait acquis une expérience suffisante pour transmettre son savoir et ses techniques, et pour cela, il lui avait fallu du temps et de la patience.

Que votre pouvoir de la patience devienne créateur

Il faut toujours garder à l'esprit que patience ne signifie pas résignation, c'est même l'inverse. Cela correspond en réalité à la satisfaction de ce que l'on a, tout en sachant que l'on continue de progresser et que l'on acquiert de plus en plus de connaissances et de mérites.

Seul le pouvoir de la patience peut vous permettre de réussir rapidement ce que vous entreprenez car vous y mettez une énergie de confiance.

Ne soyez pas trop exigeant envers vous-même car c'est aussi l'une des composantes de l'impatience. Dites-vous que vous êtes déjà satisfait de la personne que vous êtes et que vous continuez à vous améliorer jour après jour.

La dévalorisation est un sentiment négatif qui est en réalité créé par l'impatience.

Considérez que chacun a son propre niveau d'avancement et sa propre vitesse de progression. Ce n'est pas parce que quelqu'un apprend plus rapidement le piano que vous, que vous ne serez pas un jour meilleur que lui. Et si ce n'est pas le cas, vous êtes probablement plus doué dans autre chose qu'il ne le sera jamais.

22. L'ACTION

Si vous voulez que vos rêves se réalisent, ne dormez pas.

PROVERBE JUIF

Pouvoir de l'action

L'action, comme toute autre énergie, peut être chargée d'une polarité positive ou négative selon que nos intentions sont bonnes ou mauvaises ou selon notre état d'esprit. Il est donc important, pour conserver de bonnes énergies et accomplir des actions positives, de cultiver un état d'esprit bon et constructif.

Sans ce pouvoir, rien ne peut se concrétiser. Imaginez quelqu'un qui prie pour gagner à la loterie, aucun miracle ne peut se produire s'il n'achète pas de billet de loterie. Non qu'il n'ait pas la possibilité de gagner ni la chance de son côté ; c'est tout simplement qu'il n'agit pas en ce sens.

Cela signifie que, dans toute chose, nous avons notre part de travail à accomplir en utilisant notre pouvoir de l'action.

Vous pouvez le faire de différentes manières, mais il vous faudra toujours agir. Ce n'est pas en restant perpétuellement cloué à votre chaise en attendant que quelque chose se passe que vous obtiendrez le moindre résultat.

Il ne faut pas croire que l'action est forcément difficile ou contraignante. Il existe beaucoup de situations où le simple fait d'agir de façon ordinaire peut provoquer une situation favorable.

Histoire vécue

Je me souviens d'une cliente qui est venue me voir en se plaignant d'être seule et d'avoir toutes les peines du monde à envisager une belle rencontre. Elle me décrivit son quotidien en me disant qu'elle était dans un premier temps occupée par son travail, enfermée dans un bureau toute la journée sans voir personne extérieure à la société. Elle prenait son repas de midi sur son lieu de travail puis rentrait chez elle. Elle avait pris pour habitude de se faire livrer ses courses à domicile après avoir passé sa commande sur Internet. Elle s'était totalement désociabilisée et ne risquait pas de faire de rencontre dans son quotidien. Elle ne participait évidemment à aucune sorties et préférait passer ses soirées à lire ou à regarder la télévision. La moindre petite action positive de sa part lui aurait permis de rencontrer de nouvelles personnes et peut-être même de trouver l'amour. Il lui fallut du temps pour accepter de changer ses habitudes et utiliser son pouvoir de l'action de façon positive. Elle prit alors la décision de sortir de chez elle pour faire des courses, saisir l'opportunité d'une soirée, prendre ses repas en dehors de son lieu de travail, etc. Dans un premier temps, elle fit des rencontres amicales qui lui ont permis de se re-sociabiliser. Enfin, un peu plus tard, elle put rencontrer une personne avec qui elle vit désormais une très belle relation. Il lui a suffi d'utiliser son pouvoir de l'action pour sortir de son quotidien et créer une situation propice à la rencontre.

Que votre pouvoir de l'action devienne créateur

Si vous souhaitez qu'un changement survienne dans votre vie, vous devez d'abord créer les conditions favorables.

Par exemple, si vous voulez changer de travail, il est évident qu'il faut vous mettre en mode de recherche et regarder quelles sont les opportunités qui s'offrent à vous.

Peut-être ne trouverez-vous pas cet emploi par vous-même et qu'on pourra venir à vous directement vous le proposer, mais par le pouvoir de l'action, vous vous serez donné les moyens de trouver.

D'ailleurs, même si vous comptez sur la providence en espérant qu'on vienne vous proposer un emploi sans rien faire, il faut bien que vous ayez démontré que vous recherchez un nouvel emploi.

En vous mettant dans l'action, vous indiquez aux autres vos intentions, et de la même manière, vous dites à l'Univers que vous êtes prêt pour ce changement.

Si vous attendez qu'une situation s'améliore, posez-vous d'abord la question à savoir si les conditions actuelles que vous avez mises en place favorisent cette évolution, et surtout, si elles ne l'entravent pas.

Il suffit quelque fois d'une petite action pour faciliter l'obtention de ce que vous souhaitez.

Il est très important de considérer l'état d'esprit dans lequel vous êtes lorsque vous agissez au quotidien.

Si vous souhaitez quelqu'un dans votre vie et que vous agissez au quotidien sans laisser ne serait-ce qu'une petite place à cette personne, vous envoyez une énergie selon laquelle votre solitude vous convient parfaitement. Cela peut se voir par votre façon de vivre.

Par exemple :

- *Vous souhaitez vivre avec quelqu'un, mais avez acheté un lit simple pour gagner de l'espace dans votre chambre.*
- *Vous avez un garage suffisamment grand pour accueillir 2 voitures (donc potentiellement celle de l'autre personne), mais vous avez tellement encombré votre garage que seule votre voiture peut y trouver sa place.*
- *Vous avez choisi une armoire tellement petite que vous avez de la peine à y placer vos propres vêtements, ce qui laisse évidemment aucune possibilité de rajouter les vêtements de votre compagne ou compagnon, etc.*

Ces habitudes, bien que normales et compréhensibles pour une personne célibataire, vous mettent dans un état d'esprit qui ne vous permet pas d'envisager la vie avec quelqu'un d'autre. En changeant quelques détails, vous envoyez à votre esprit le message que vous êtes prêt à vivre à deux et cela pourra donc se mettre en place.

23. Le juste milieu

Appliquez-vous à garder en toute chose le juste milieu.
Confucius

Pouvoir du juste milieu

Quelle que soit la situation à laquelle vous êtes confronté, il faut toujours respecter le pouvoir du juste milieu qui consiste à éviter les comportements extrêmes.

Ce pouvoir est particulièrement respecté par les bouddhistes qui l'enseignent et qui l'élèvent au rang de vertu essentielle. En effet, ils considèrent à juste titre que le fait d'adopter une attitude excessive s'avère toujours négatif.

On peut le comprendre aisément par des comportements précis. Par exemple, la personne qui ne mange pas assez met sa santé en péril en créant des manques et des carences qui pourront avoir des effets très négatifs, *a contrario*, celle qui mange trop s'expose à d'autres problèmes tout aussi dangereux. Le juste milieu, quant à lui, nous invite à manger raisonnablement et à s'assurer ainsi que notre santé bénéficie de conditions favorables.

Cela ne nous empêche pas d'agir ou de prendre position, mais nous rappelle qu'il ne faut pas trop se désintéresser des choses ou, au contraire, d'agir avec une passion trop dévorante. Le pouvoir du juste milieu nous permet d'avoir nos propres idées tout en respectant celles des autres.

Lorsqu'une situation nous paraît injuste ou intolérable et que l'on adopte une attitude trop virulente, on empêche le dialogue de s'instaurer. On peut bien évidemment imposer notre décision par la force, mais cela ne sera qu'une victoire de courte durée.

À l'inverse, si l'on choisit de ne rien dire, la situation pourra perdurer sans entraves.

Histoire vécue

Un client est venu me voir pour me confier qu'il vivait depuis plusieurs années une situation difficile dans le domaine sentimental. Dans un premier temps, il fut marié et cela s'est soldé par un divorce. Il s'était rendu compte qu'il n'avait pas accordé suffisamment de temps et d'attention à son ex-femme, et il avait conscience que cela lui avait coûté son mariage. Depuis, il avait fait une nouvelle rencontre et avait pris la bonne décision de changer. Cependant, il se montrait cette fois-ci trop possessif et risquait de se retrouver à nouveau célibataire. Il avait compris qu'il fallait adopter un nouveau comportement que celui qu'il avait lors de sa première union, mais avait fait l'erreur de ne pas respecter le pouvoir du juste milieu. Il était alors passé d'une attitude extrême à une autre. Il me fallut lui faire prendre conscience de son attitude excessive (dans ses 2 relations) pour mieux se recentrer et adopter une attitude en phase avec le pouvoir du juste milieu. L'année suivante, sa relation aboutit à un nouveau mariage.

Que votre pouvoir du juste milieu devienne créateur

Prenez toujours le recul nécessaire pour analyser si votre comportement n'est pas trop excessif, dans un sens ou dans l'autre.

N'imposez pas vos idées aux autres, mais préférez une discussion calme et posée. Que vous parveniez à convaincre ou non n'a pas d'importance car chacun a le droit, tout comme vous, d'avoir sa propre manière de penser.

Il existe des situations dans lesquelles la violence et la terreur s'installent. Si vous agissez violemment pour les éliminer, vous pourrez effectivement imposer un changement, mais il aura été instauré avec la même mauvaise énergie que celle que vous aurez combattue.

Vous n'aurez alors réussi qu'à mettre en place une autre situation de brutalité.

Vous pouvez légitimement vouloir changer ce qui vous semble injuste, mais utilisez pour cela des armes positives. Agissez, mais sans excès, en utilisant toujours le pouvoir du juste milieu.

Aides pour l'amélioration de vos pensées

a) Les symboles

Pour mieux orienter vos pensées, et donc vos émotions, vous pouvez utiliser une méthode simple, celle des symboles.

La force des symboles est incroyable car ils agissent immédiatement sur notre esprit. Bien entendu, il convient d'utiliser des symboles qui, pour vous, correspondent à quelque chose. En Asie, l'art du Feng Shui consiste à harmoniser les lieux avec l'énergie Universelle afin que la vie des résidents soit la meilleure possible. Pour cela, les maîtres Feng Shui vont conseiller certains aménagements, des orientations particulières et... ils utiliseront des symboles. Il faut donc considérer que notre esprit va focaliser son attention sur ce symbole pour ensuite changer ses pensées et émotions. Sans avoir à étudier les détails nombreux et complets du Feng Shui, nous pouvons facilement utiliser la force des symboles.

D'ailleurs, consciemment ou non, tout le monde a pu

en faire l'expérience de cette force, et parfois, à plusieurs reprises dans une même journée. Il y a des symboles qui prennent, avec le temps, une symbolique Universelle. Il en est ainsi par exemple pour le Père Noël qui représente à lui seul, et pour la plupart des enfants à travers le monde, celui qui leur offrira des cadeaux. Il y a les symboles sur lesquels on décide de se mettre d'accord : c'est le cas pour les panneaux de signalisation routière qui se généralisent pour entrer petit à petit dans le conscient collectif. Enfin, il y a les symboles qui pourront ne parler qu'à vous-même car vous êtes le seul à leur avoir donné une signification.

Vous pouvez améliorer vos pensées en vous entourant de symboles qui auront un impact positif sur votre esprit (des objets en forme de cœur, pour symboliser l'amour, la couleur bleu sur les murs pour favoriser le repos, un tableau champêtre pour représenter le calme, du rouge pour apporter de l'énergie... ou tout autre chose qui possède une signification positive pour vous). Pour leur donner encore plus de force, vous pouvez les accompagner d'un mot ou d'une phrase qui résonnera en vous immédiatement lorsque vous poserez votre regard dessus.

Il faut noter également que les symboles ne sont pas uniquement des objets, des dessins ou des couleurs, ils peuvent également représenter des contextes ou des situations. Ainsi, un bureau encombré de documents de toutes sortes reflète un manque d'ordre dans l'esprit de la personne qui le possède et, immanquablement, va provoquer le même fouillis dans ses affaires. C'est la raison pour laquelle il est conseillé de conserver vos espaces de vie (habitation, bureau, etc.) bien rangés et faciles d'accès. Par cette action, vous vous aiderez inconsciemment à mettre de l'ordre dans vos pensées, ce qui aura un effet équivalent dans votre vie de tous les jours.

b) Votre alimentation

Il est très important d'avoir une hygiène alimentaire saine et équilibrée. Cela ne signifie pas que certains aliments soient totalement prohibés et que d'autres doivent devenir récurrents, au contraire. Il convient de savoir manger raisonnablement. Une bonne alimentation est avant tout variée et nous procure un plaisir. Manger du chocolat n'est pas préjudiciable à la santé (sauf bien entendu si la personne souffre d'une intolérance), mais en abuser provoquera une crise du foie. Il existe une immense variété de produits et, même si l'on doit écarter certains aliments qui nous sont néfastes, il ne faut pas oublier l'importance de la satisfaction que nous devons avoir en mangeant. Nous serions bien avisés de trouver les produits de remplacement que nous pourrons prendre pour palier à ce manque, voire à cette frustration.

Une fois notre équilibre alimentaire obtenu, on se rend rapidement compte qu'il nous est beaucoup plus facile de nourrir des pensées claires et utiles.

Il est donc préférable de limiter les aliments qui viendront perturber notre organisme et de toujours veiller à ne rien consommer de façon excessive.

La médecine chinoise préconise la consommation de certains aliments dans le but d'harmoniser les émotions. Ainsi, selon ses principes, la nature de chaque produit développe une énergie qui peut être utilisée dans un but précis.

Par exemple, si vous êtes envahi par un sentiment de déprime ou de tristesse, la diététique asiatique recommande de manger des aliments piquants comme le gingembre, la cannelle, l'oignon, l'ail, le choux, etc.

Pour mieux vous débarrasser de la peur, du stress ou de l'insécurité, vous devriez privilégier le poisson et les légumes secs.

Contre l'agitation et l'impatience, vos alliés seront les produits amers (endive, thé, chicorée, etc.).

Pour vous aider à surmonter une colère ou une frustration, vous pouvez compter sur les aliments acides (agrumes, etc.).

Enfin, pour combattre l'anxiété et les pensées obsédantes, les dattes, figues séchées et légumes-racines devront entrer dans la composition de vos repas.

c) Préparer son sommeil

Le sommeil est non seulement un moment très important pour le repos de notre corps, il est également très salutaire pour trouver les meilleures solutions à nos problèmes. Cependant, trop de personnes s'endorment en ruminant leurs soucis, ce qui empêche de façon dramatique leur inconscient de trouver le meilleur de chaque situation et se sortir d'un embarras quelconque.

Trop souvent, nous imaginons qu'une confrontation à une nouvelle déstabilisante ou une perturbation dans notre vie représente une punition. Ce n'est pas vrai car au contraire, chaque obstacle dans notre vie cache une utilité. Un licenciement qui nous apparaît catastrophique est peut-être en réalité l'occasion de changer de vie pour le mieux. Une personne qui apprendrait une telle nouvelle et qui ne parviendrait pas à s'endormir paisiblement indiquerait à son inconscient qu'il n'existe aucune issue possible et que ce licenciement n'aura que des effets dévastateurs. Son esprit ne pourra trouver aucune possibilité de tirer profit de cette situation. À l'inverse, si cette personne s'endort en se disant qu'elle trouvera une solution, elle enverra à son inconscient l'information qu'il doit travailler à la trouver. Il lui faudra peut-être plus d'une nuit, mais la situation s'éclaircira inévitablement et il saura saisir l'opportunité qui se cache en réalité derrière cette perte d'emploi.

L'important est de ne pas s'endormir angoissé car nous gâcherions ainsi le potentiel de notre esprit pour régler nos problèmes. Il convient, au contraire, de calmer nos inquiétudes et nos interrogations en laissant à notre inconscient la gestion de ces problématiques et en lui accordant toute notre confiance quant à leur résolution.

C'est aussi pour cette raison que le moment du coucher est l'instant privilégié pour demander l'aide de notre ange, faire une prière ou tout simplement procéder à un exercice de visualisation créatrice (pour en savoir plus, lisez le livre *La Manne Céleste – Votre destin vous appartient*).

d) Choisir ses sources d'inspiration

Que ce soit par les livres, la télévision, la radio, Internet, etc., il existe de nombreuses sources d'informations et d'apprentissages. Il est important de savoir que tout cela influe sur nos pensées, que nous en soyons conscient ou non. Le fait par exemple d'écouter et de regarder sans cesse des programmes ou reportages de catastrophes (c'est malheureusement souvent le cas puisque cela intéresse le public) introduira ces images et ces sons dans notre subconscient qui s'en nourrira pour ensuite nous les restituer en angoisse et pensées négatives.

Cela ne signifie pas que l'on ne puisse plus regarder le journal télévisé ou un film terrifiant, mais il faudra veiller à garder un bon équilibre. Si l'on est perturbé dans notre vie par des situations qui nous peinent ou nous affligent, il faudra bien entendu préférer des sujets plus joyeux et positifs. Il faut veiller quotidiennement à toujours conserver une majorité de pensées positives. Si 80 % de votre esprit est occupé par la joie et le bien-être, il est évident que de mauvaises nouvelles n'auront pas le même impact que si vous n'en aviez que 50 %, voire moins.

Le fait de ressasser sans arrêt les mêmes informations négatives aura un impact important sur notre manière de penser. Est-il vraiment utile d'entendre dix fois la même mauvaise nouvelle pour découvrir le moindre petit détail d'une affaire sordide ? Vous pouvez très bien vous tenir informé de ce qui se passe dans le monde en sélectionnant délibérément ce qui vous intéresse, soit en cherchant les informations vous-même sur Internet ou dans les journaux, soit en vous contentant des titres d'un journal télévisé une fois par semaine ou par mois au lieu de le faire chaque jour. L'important est de conserver un bon équilibre dans vos pensées et de faire en sorte que votre état d'esprit positif demeure dominant.

e) L'art

Pratiquer une activité artistique – peinture, dessin, musique, etc. – nous permet de créer une émotion nouvelle dans notre esprit. Nous utilisons consciemment notre capacité créatrice et de ce fait, nous comprenons mieux que nous avons ce même pouvoir créateur dans notre partie inconsciente. Grâce à cela, nous pouvons mieux maîtriser notre force de création et diriger nos pensées de la manière qui nous convient le mieux. Ce n'est pas pour rien qu'il se développe de plus en plus des ateliers d'art-thérapie. Nul besoin d'être un grand artiste, il suffit de réaliser quelque chose avec son cœur et sa volonté pour que cela ait un impact favorable sur notre esprit.

N'hésitez pas à vous lancer dans ce type d'activités qui ne peuvent que vous être bénéfiques. Libérez votre créativité de façon consciente et vous pourrez ainsi réaliser pleinement le pouvoir que celle-ci peut avoir dans votre vie quotidienne.

f) Introduction aux « Formes Pensées »

Une pensée est avant tout une activité psychique consciente. C'est un processus dont l'être humain se sert pour élaborer des projets, apprendre, agir, créer, échanger, etc.

Chaque pensée émet une énergie, une vibration. Certains l'ont bien compris et c'est pourquoi des personnes ayant les mêmes idées politiques idéologiques ou religieuses forment des groupes afin d'unir leurs pensées en une seule beaucoup plus puissante. Cela forme ce que l'on nomme un égrégore.

Qu'est-ce qu'un égrégore ?

Un égrégore est l'ensemble des énergies (ou pensées) d'un groupe de personnes cumulées et dirigées vers un but ou une croyance en commun.

Il n'est pas question dans ce cours de former un égrégore en vue d'une réalisation commune, mais plutôt de bien faire comprendre que travailler les énergies n'a rien d'anodin et peut s'avérer puissant, voire dangereux, car il est très important dans ce cas précis d'être dans un bon état d'esprit afin de pouvoir envoyer des énergies positives dans les formes pensées. Chaque pensée ou émotion négative vous reviendra de manière négative sous forme d'épreuves de vie et *a contrario* chaque pensée positive, juste et équilibrée, envoyée dans « l'univers espace-temps » vous reviendra dans ce parfait équilibre en se matérialisant dans votre vie de tous les jours. Une pensée créatrice envoyée dans l'univers et qui se concrétise dans la matière, c'est-à-dire dans notre vie de tous les jours, revient de manière nettement amplifiée puisque matérialisée.

Alors pourquoi les formes pensées ?

Comme son nom l'indique, il s'agit de donner une forme à votre/vos pensée(s) afin de la densifier – car la densification est le premier pas pour la matérialisation de celle-ci. Cela va lui permettre un repère spatiotemporel afin de lui donner une direction à suivre, un chemin sur lequel elle pourra germer et revenir à un moment et dans un endroit précis que vous aurez vous-même préalablement choisi et établi.

Il convient dans un premier temps de s'entraîner sur des choses simples. Vous pouvez vous servir des formes-pensées comme d'un pense-bête, c'est-à-dire que vous pourrez choisir le lieu et le moment propice pour faire telle ou telle chose.

Exemple : vous êtes dans une librairie, vous n'avez plus d'argent sur vous et vous n'avez pas de quoi noter les références d'un bouquin qui vous intéresse. Vous allez pouvoir utiliser les formes pensées afin de pouvoir vous le rappeler à l'endroit et à l'instant que vous désirez, par exemple chez vous lorsque vous serez face à votre ordinateur.

Ou encore : au centre commercial, je dois me rappeler d'acheter tel produit dans tel rayon, etc., les exemples dans la vie de tous les jours sont multiples.

L'étape suivante, une fois que l'on maîtrise mieux sa forme pensée, consiste à se concentrer sur des choses plus importantes, comme la concrétisation et la réalisation de projets. Les formes pensées sont une des techniques les plus puissantes de l'utilisation de la loi de l'attraction par la visualisation créatrice. Voici une méthode que nous vous proposons pour sa simplicité et son efficacité.

Technique de la sphère et du tunnel

La sphère ainsi que le tunnel doivent être de couleur neutre et transparente ou d'un ton lumineux.

Visualisez la sphère. Visualisez la situation ou l'évènement présent. Introduisez la sphère dans le tunnel et faites-la passer de gauche à droite puis visualisez-la à la sortie avec, à l'intérieur de celle-ci, ce que vous désirez qu'il arrive dans le futur, au moment et dans le lieu que vous souhaitez que la situation se produise.

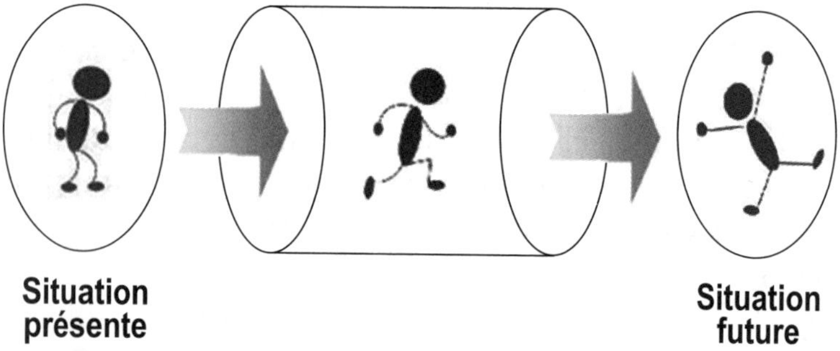

Nous souhaitons que ce livre ait pu vous faire prendre conscience de tous vos potentiels. Qu'il vous permette d'utiliser correctement vos pouvoirs créateurs et que vous puissiez ainsi améliorer votre vie.

Respectez les autres autant que vous-même.

Soyez toujours maître de votre destin.

Créez la vie de vos rêves afin que nous puissions tous profiter d'un Monde meilleur.

ANTHONY BLÉGENT & ANTHONY FAURE

Les auteurs

Anthony Blégent

Depuis ma naissance, j'ai la capacité de ressentir et de voir les évènements à venir.

J'ai également découvert très tôt que j'avais en moi une énergie qui me permettait de soulager, voire même de guérir les autres grâce à l'imposition de mes mains. Je me définis donc comme un *voyant* et un *magnétiseur* de naissance.

Avec le temps, j'ai développé mes activités et complété mes capacités par l'acquisition d'une base de connaissances qui pouvait m'être utile en me permettant de mieux venir en aide aux autres. Afin d'approfondir la voyance, j'ai naturellement choisi d'étudier l'Astrologie et, par le Magnétisme, j'ai voulu développer mes connaissances générales (lithothérapie, élixirs, etc.). Enfin, j'ai suivi une formation en Naturopathie, une médecine douce basée sur la phytothérapie, l'aromathérapie et la nutrition.

À travers mon apprentissage, mes expériences professionnelles et personnelles, j'ai été amené à comprendre les principes et les lois de la « Métaphysique ». Ma spiritualité et les circonstances de la vie m'ont d'ailleurs permis d'en apprendre chaque jour davantage.

Je suis ainsi devenu *coach* en développement personnel.

Mon premier livre, *La Manne Céleste*, m'est venu tout naturellement et j'ai eu le privilège de pouvoir bénéficier, pour son élaboration, des conseils de mon compagnon Anthony Faure. C'est donc un grand plaisir pour moi de vous présenter ce livre co-écrit avec lui et qui, en quelque sorte, est un complément au premier.

Je souhaite que chacun y puise ce dont il aura besoin et surtout avance au rythme qui lui convient afin de comprendre la loi de l'attraction et l'utiliser dans sa vie de tous les jours de la façon la plus naturelle qui soit.

Nous débutons une nouvelle Ère, celle du Verseau. Cette Ère est pleine de promesses, car elle permet à l'Humanité de prendre conscience de ses pouvoirs créateurs.

Prenez votre destin en main et « Créez la vie de vos rêves » !

Anthony Faure

Dès mon plus jeune âge, j'ai été en contact avec l'invisible. Il m'a fallu du temps pour accepter, comprendre et maîtriser ce don. Cela m'a permis de prendre conscience très tôt des Lois Universelles qui nous dirigent. Pour moi, elles étaient naturelles et même si ma culture et mon éducation m'ont coupé de cette conscience pendant un certain temps, j'ai réussi à m'y reconnecter grâce à mes expériences.

Mon parcours de vie m'a permis de venir en aide aux autres en utilisant ce don de magnétiseur complété par une formation en Naturopathie afin de mieux orienter les personnes vers une meilleure hygiène de vie. Cette connaissance me permet de travailler dans le cadre d'une démarche holistique axée sur le soin du corps et de l'esprit. Je me suis aussi spécialisé comme accompagnant en méditation et au relâchement des tensions émotionnelles. Avec Anthony Blégent, nous proposons régulièrement des séances de relaxation collectives au cours desquelles nous allions certaines thérapies spirituelles (notamment en travaillant avec l'énergie des anges) ou psycho-energétiques.

J'ai eu le plaisir de participer à l'élaboration du premier livre, *La Manne Céleste – votre destin vous appartient*, en apportant des conseils et c'est avec un grand bonheur que j'ai co-écrit avec Anthony cet ouvrage.

Je souhaite que chacun d'entre vous lise ce livre en appliquant les conseils qui y sont donnés afin que vous puissiez tous transformer votre vie et en faire un très beau rêve.

CONTACTER LES AUTEURS :

Anthony Blégent est Énergéticien-Naturopathe, psychopraticien et *coach* en développement personnel.

Anthony Faure est Énergéticien-Naturopathe et Magnétiseur.

Vous pouvez les retrouver sur leur site internet :
www.kheops-energie.com
cabinet@kheops-energie.com

Ils proposent :

- *des consultations en Cabinet et à distance, par téléphone ou e-mail ;*
- *des séances de coaching de vie ;*
- *des stages (particuliers et entreprises), notamment pour apprendre à utiliser la Loi de l'attraction ;*
- *des conférences.*

TABLE DES MATIÈRES

ANTHONY BLÉGENT
La manne céleste
Votre destin
vous appartient...
OCTAVE
ÉDITIONS